U0908945

巾帼花开别样红

——秦皇岛女企业家风采录

中共秦皇岛市委宣传部◎编

燕山大学出版社
·秦皇岛·

图书在版编目（CIP）数据

巾帼花开别样红：秦皇岛女企业家风采录 / 中共秦皇岛市委宣传部编.—秦皇岛：燕山大学出版社，2021.7

ISBN 978-7-5761-0177-5

Ⅰ. ①巾… Ⅱ. ①中… Ⅲ. ①女性－企业家－生平事迹－秦皇岛 Ⅳ. ①K825.38

中国版本图书馆 CIP 数据核字（2021）第 081394 号

巾帼花开别样红——秦皇岛女企业家风采录

中共秦皇岛市委宣传部　编

出 版 人：陈　玉
责任编辑：王　宁
封面设计：方志强
出版发行：燕山大学出版社 YANSHAN UNIVERSITY PRESS
地　　址：河北省秦皇岛市河北大街西段 438 号
邮政编码：066004
电　　话：0335-8387555
印　　刷：秦皇岛墨缘彩印有限公司
经　　销：全国新华书店

开　　本：700mm×1000mm　1/16　　**印　　张**：13.75　　**字　　数**：200 千字
版　　次：2021 年 7 月第 1 版　　**印　　次**：2021 年 7 月第 1 次印刷
书　　号：ISBN 978-7-5761-0177-5
定　　价：53.00 元

QINHUANGDAO
NUQIYEJIA
FENGCAI

目录

穿越时空的情缘

文 / 刘洋

个人简介：

“用感恩的心对待生活，以善良的心对待社会，用平凡的心对待自我，以积极的心对待工作，用最执着的心对待我所追求的事业。”这是刘洋的座右铭。

刘洋，1969 年 9 月生人，大学本科学历，河北英皇集团、河北阿布卡集团、秦皇岛洋洋集团三集团及十九家分公司董事局主席，河北省女企业家协会会长，河北省巾帼创新投资联盟会会长，秦皇岛市妇联兼职副主席，秦皇岛市工商联合会副主席，市花卉协会、市古玩收藏商会、市园林绿化施工商会会长，秦皇岛市第十二届、十三届人大代表。同时，先后获“全国三八红旗手”“全国妇代会代表”“中国企业成功女性”“中国优秀企业家”“全国杰出创业女性”“品牌中国行业十大杰出女性领军人物”“河北省三八红旗手”“河北省最美巾帼志愿者”“河北省杰出创新创业女企业家标兵”“河北省捐资助教先进个人”“河北省防疫抗疫先进人物”等国家及省、市颁发的 90 余项殊荣。2020 年，在抗击新冠肺炎疫情中，她以最快的速度、积极的行动带领企业和企业家会员捐款捐物，让女企业家成为抗击疫情前沿工作中的一道温暖坚韧的风景，荣获了全国妇女联合会授予的“抗击新冠疫情全国三八红旗手”称号，是河北省唯一一位获此项殊荣的女企业家。

一个梦想，一份责任。在刘洋的心中，“青龙”是她永远的牵挂，出资建设希望小学，组织捐赠树种花卉构建美丽乡村，开展一帮一科技扶贫……2019年，在市委市政府的委托下，她和她的团队带着执着与爱入驻青龙，开始了占地7500亩的“七彩青龙农旅综合体”项目建设，为更好地恢复区域生态，他们清理河道、修复山体、恢复植被，打开青龙山区旅游的大门，为乡村振兴贡献力量。

刘洋相信，心念可以穿越时空，感应前生注定的情缘。“青龙茨榆山”是一个她以前从未到过的地方，但此时却有着深入骨子里的眷恋。她爱这山，爱这水，爱这儿的民风淳朴，爱这儿的鸟蝶飞舞……也就是在这种感动中，她完成了《穿越时空的情缘》的写作。

青山苍茫，绿水悠悠，我仿佛在那幽谷深处，野花簇拥，枕露沾巾，清风拂面。这里的山谷平原、星宿河流以及一切微小的生命，深拥着我，美美地睡了千年。

曾经浮华，曾经童话。从前或往后，追溯或向前，变成了无弦琴，尽头却又在弹指之间。

而眼前的高山，仿佛是我几世深爱的将军，策马啸风，虔诚等待，只为信守那几度轮回的夙愿。是灵魂的共鸣，还是你前世的呼唤？你愿意用打磨的灼痛来祛除千年的孤残，以赤诚之心今世陪伴。而我，也许就是那个千年之前，盛开在山顶的一株“茨榆小仙”，我以无数次的落樱，在你的胸前叩问，滴泪成石，落樱如雪，绘出岩层的斑斓画卷。你许是我寻了几世的眷恋，让我愿意为你倾心如初，愿意为你银发再染，愿意为你甜蜜厮守，笑看月宫玉兔，枕星共欢……

穿越的思绪回到2019年5月，第一次来到茨榆山考察投资，这里的山水地貌就勾起了我千年的遐想，忙于杂务的我夜深人静之时写下了上面的心灵感悟。

瞬间触动我敏感神经的不仅是这里的山水情缘，还有淳朴善良的乡土民风。2011 年，沿着崎岖的山路，我们来到了青龙凉水河乡教育扶贫。

凉水河乡地处偏远，当地人戏称它为“青龙小西藏”。那时的六珠坪小学，揪心的破败：泥泞的操场，四面漏风的教室，残缺不全的桌椅，冻得发紫的小脸颊，还有一双双羞涩而纯净的眼神。时至今日，幕幕场景在脑海里依旧那样的清晰，不时勾起我心中的牵挂。

那一次，我按捺不住泪水，暗下决心。不久，我坚守承诺重走来路，要让这里的孩子有一个遮风挡雨的教室，一个温暖的家。

时光静静地流淌，像学校门前的那条小河，见证着我们十年的成长与亲情。

每年春节，孩子们都会给我捎来精心制作的小礼物。一幅油彩画、一串千纸鹤、一张合影照、一派新气象……这些都是我期盼而珍重的礼物，成为我繁忙创业之余可以独享的温暖。

山海之间，曾经，因为陌生而备感遥远，如今，因为亲情而心生眷恋……

这一片好山好水，这一方纯净自然，醉人的幽翠不时扣动着寻梦乡野的心弦。这民风淳朴的净土，饮不够的乡情，会让你夜夜宿醉。

于是，几次夜宿青龙，惊讶于那久违的星空，沉迷于静谧的夜晚，我的灵魂开始搜索——在不知名的山谷，是不是有一间茅舍在等待我叩开柴门，点点星光洒于屋檐之下，灶里的柴火，映着大娘通红的脸庞，捧在手心中氤氲的香气，迎接我这迷路的家人。听着遥远的故事，唠着烟火味的家常，伴着大自然的天籁，我静静地睡去，希望明天的晨曦不要打扰我的清梦。

这，是梦吗？心向田园已久，我要怎样去找回那渐远的乡愁？又一次被青龙人的真诚打动，我登上了茨榆山的山顶，尘于心中的梦被瞬间唤醒。

承秦高速横亘群山，沙河溪水蜿蜒流淌，一个个山村静静地卧于山谷幽兰，一缕缕炊烟调皮地爬过青翠山峦，寂寞地向外张望。目之所及，好似水墨，静谧淡雅，令人神往。

这难道是我寻觅已久的梦境？莫名的感动催促着我走近这可爱的山谷，在老街阡陌间品读一个古老民族的前世今生。投资的思路渐渐清晰，我要向世人分享那苍穹之下的道道霞光与巍巍青山，分享那潺潺溪水与朗朗星空。让大娘捧在手心中的氤氲香气，像等待当初的我一般，待你归家。

激烈的碰撞源于彼此的信任，反复的打磨为的是共同的梦想。三个多月的改造周期，一百个日夜的艰苦奋战，不仅是为旅发大会的惊艳亮相，更为了心中割舍不掉的情怀。

我们要还原乡村的本真，留住淳朴的记忆，为每个人的田园梦留下想象的空间；我们要怀揣童心，激发童趣，把每个人都变成天上调皮的星星；我们要分享快乐，传播温情，让更多远方的游子踏上回家的路……

天地有大美而不言，我与这片青山绿水也在默默对话，心念仿佛穿越千年，却又在不远处触手可及。“看得见山、望得见水、留得住乡愁”，这是时代赋予我们每个人的命题，解题之人当有一份执念和本心，胸怀“采菊东篱下，悠然见南山”的随性与洒脱，“淡泊以明志，宁静以致远”的超然与平和，“回首向来萧瑟处，也无风雨也无晴”的豁达与超脱，“行到水穷处，坐看云起时”的从容与禅意……

没有辜负这片山水，如今坐落在青龙满族自治县的洋洋阿布卡小镇·七彩青龙已经有了别样的风韵（阿布卡：abka满语音译，星空的意思）。和着晚风沐浴着静谧的夜，我的思绪又回到了记忆中的山谷。山，无语矗立；水，玲珑欢喜；风，缠绵绕云；林，鸟鸣如笛……在这纷繁喧嚣的世间，我愿造一方净心暖城，相约你千年的企盼！

“校长妈妈”给孩子们插上最美的翅膀

文 / 姚一铭

个人简介：

王雅玲，女，艺术家、收藏家，资深儿童美术教育专家。靳尚谊基金会、中央美术学院美术教育研究中心、社会美育联盟副会长，河北省女企业家协会副会长，河北省民办教育协会理事，秦皇岛市女企业家协会执行会长，秦皇岛市女知识分子联谊会副会长，秦皇岛市美术家协会青少儿艺委会主任，中国报道——感知中国栏目艺术顾问，秦皇岛美术家协会理事，云河教育集团董事长，秦皇岛市第十届政协委员。1988 年毕业于东北师范大学美术系，后进修于中央美术学院。其美术作品曾获中韩书画大赛一等奖，世界和平友好国际书画艺术大赛银奖等，作品受邀参加美国纽约曼哈顿“花开纽约”艺术展。曾在高校任教 12 年，具有高校讲师职称。1989 年，于秦皇岛创立云河青少年美术学校，成为本土少儿美术教育的先锋。

“嗨，你好呀！”伴随着主持人老师甜美而熟悉的问候，守候在直播间的孩子和家长们打开记忆，翻开了四年来每日早上入园时与老师们打招呼的温馨回忆。直播视频里，主持人为孩子和家长播放了《成长的足迹》，回顾孩子们在园时的点滴。老师们虽满面笑容，却眼圈红红地为孩子们带来一段段饱含不舍与祝福的视频。

“雷老师，我太想您了！还想袁妈妈！”“陈老师，每天我都让妈妈带我去云河的大门口看看，我好想小朋友们啊！”“闺女基本上是哭着看完的，最后告诉我：‘妈妈，我还没上够幼儿园呢！’”直播间的弹幕刷起了催泪弹……

“孩子们，今年的情况特殊，所以校长妈妈不能亲手为你们发毕业证书了。但希望你们一定要记得，你们是云河的骄傲，云河也永远是你们温暖的家。希望你们扬帆远航，未来拥有美好的人生！”云河教育集团董事长、孩子们最爱的“校长妈妈”王雅玲饱含深情地说。

这样的场景不是电视剧里的故事情节，而是真实发生在云河幼儿园 2020 年 7 月 31 日“云端毕业典礼”上的一幕。2020 年，因新冠肺炎疫情的肆虐，全国的大中小学、幼儿园皆进入了漫长的线下停课阶段，云河教育集团旗下的云河幼儿园也不外如是。每年的 7 月，为孩子们举行盛大的毕业典礼是云河多年来的传统，虽然这一次老师和孩子们不能到校，但在王雅玲的提议下，云河的教师们依然精心地为孩子们设计了一场难忘的“云端毕业典礼”。

从一名美术教师到女企业家，王雅玲的人生经历颇为丰富。起初只是抱着单纯做喜爱的事情这个想法创业，历经 30 多年，美育事业最终成为她融于骨血、为之奋斗和施展才华的全部。爱笑的王雅玲明媚爽朗，深邃的眼睛里闪着明亮的光，有着一种艺术家特有的感染力与活力。回顾 30 多年来从学习艺术追求画家梦，到创办云河教育集团成为一名美育人的点点滴滴，王雅玲感慨地说：“艺术是我的生命之根，也引领我做了这样一项美好而有意义的事业。我顶礼艺术并以之参与到美善人间的行为之中。”

梦想：从未停止对美的追逐

1988年，王雅玲从东北师范大学美术系毕业，当时正值中国改革开放大潮奔流涌动的时期，各行各业激荡着创新的力量，潜藏着无限的机会。作为第一批14个沿海开放城市之一的秦皇岛，其发展潜力、地理优势以及开放的姿态深深地吸引着王雅玲，本可以留校任教的王雅玲不顾一切地要到外面的广阔天地去看一看闯一闯。

“秦皇岛未来一定很有发展前景，那里外国人多，我想画画、卖画，把我的作品卖给外国人，卖到国外去。”年轻的王雅玲认为，以艺术行走天下是一件很酷的事情。

怀揣着梦想和热情，王雅玲踌躇满志地踏上了秦皇岛金黄的海滩，想在这里大展拳脚。然而梦想与现实往往并不能一致，来到秦皇岛后，王雅玲发现这里在艺术创造和美育领域的现状不尽如人意，甚至有些滞后，这反倒激发出了师范院校出身的王雅玲的使命感和责任感，同时，她也隐约感到一丝机遇。

最初，王雅玲被分配到秦皇岛教育学院做了一名美术教师，主要为各中小学校培养美术教师。与此同时，一些家长慕名而来，希望自己的孩子能跟王雅玲学画画，王雅玲也就顺理成章地教上了画画。后来一传十十传百，更

多的家长知道了这个教画画的王老师，来学画的孩子也多了起来。孩子们因接触美术而开悟和快乐，王雅玲获得了极大的满足感。1989 年，王雅玲在秦皇岛市青少年宫开办了美术培训学校，开启了培养小艺术家的美育之路。她所创办的青少年宫美术学校在当时填补了秦皇岛美术培训的一项空白。

然而，就在美术学校发展势头强劲之时，现实情况却让这一切戛然而止。1992 年，王雅玲怀孕了，家里人希望她在家安胎休养。面临家庭与事业的抉择，无奈之下，培训学校只能停办。学画的孩子们带着不舍的眼神离开了王老师的画室，而王雅玲的内心深处也非常舍不得这份深深喜爱的事业和那些可爱的孩子们。

儿子出生 4 个多月后，王雅玲决定继续前行，去实现自己追寻美的梦想。艺术女神的垂青，使得王雅玲总是能捕捉到最时尚、最前沿的美的事物。20 世纪 90 年代初的中国，美容行业刚刚兴起，对于许多人来说，美容、化妆新鲜又时尚。她一路南下，去了深圳、珠海，寻找她的美丽目标。她进入了当时在内地异常火爆的国际美容教主郑明明创办的美容学校学习。王雅玲如饥似渴地学习国际流行的各种妆面，学习当时最热门的文眉文眼线最新技巧。学艺术出身的她学起美容来得心应手，她化的妆面总是那么精致自然，她做出来的眉毛总是比别人做的立体流畅。

几个月的学习，不仅让王雅玲进一步提升了自己的形象气质和自信心，增强了艺术与自身的融合，也不断地激发着她的灵感，创新的思维如泉涌一般从她的脑海中流出。“这是否是用美来提升、装点一座城市的突破点呢？”回到秦皇岛后不久，王雅玲很快就开办起了一所美容培训学校。精通绘画、化妆、美容和教学，又进入了一个同样空白的领域，王雅玲看到了能把自己对美的独特感悟和可观的经济效益完美结合的未来。

回归：财富与初心之间的抉择

美容学校在王雅玲的经营下办得红红火火，来学美容的年轻人络绎不绝，连秦皇岛电视台的主持人也专程来找她化妆。王雅玲在业内小有名气，收益自然也非常可观。可没想到，就在王雅玲的美容学校风生水起之时，命运之手再次借助艺术女神的密钥推开了她似乎已经闭合的心扉。

一天，市青少年宫的老师火急火燎地找到王雅玲，说青少年宫有10多个学画画的孩子等待开课，但美术老师配备出了岔头，只有王雅玲能帮得上这个忙了。

“十几个学生？太少了呀。”与以前四五十人的大班相比，十几个学生实在有点少。

一边是利润丰厚的美容行业，一边是利润相对清寡的美术教育领域。在何去何从之间，王雅玲经历了一番激烈的思想斗争。每当她旅行的时候，最能吸引她的永远都是珍藏艺术品的博物馆，她知道，内外兼修的大美，才是她最想追求的理想境界。尤其回想起在办美术培训班之初，王雅玲刻骨难忘的是很多家长对美术教学的不理解。有的家长问她，一个月孩子能学会吗？这让她哭笑不得而又备感艺术教育之责任的沉重。还有的孩子在艺术方面很有天分，绘画也有个性，可是在缺少艺术品位的家长眼里，却认为画得一塌糊涂。那颗早已被打磨得如玉石般洁净的初心，使她在夜阑更深时，愈发感觉美容行业无法实现她内心的情味表达，只有艺术教育才能更加丰盈她的精神世界。

“我的生命中始终有一个化不开的情结，无法忘记和舍弃自己要做一名艺术家的初心；而我也总有一个夙愿，就是能不断地挖掘孩子们最本真的未被世俗所浸染的美善和灵性。上大学时，记住了著名教育家蔡元培先生说过的一句话：‘美感者，合美丽与尊严而言之，介乎现象世界与实体世界之间，而为之津梁。’其实，美育是一项伟大的事业，是一个国家文化传承的重要途径，对帮助孩子们树立正确的人生观、价值观都有着重要的意义。现在，也许该是我回归本行的时候了吧！”

王雅玲毅然放弃了美容行业，重操旧业，接过了那个美术培训班。

开班那天，她惊喜万分：许多家长一听说王老师回来了，都来给孩子报名，她的绘画班学生爆满，那些离开了她画室的孩子都背着画夹回来了！这让王雅玲既感动，又感到了沉甸甸的责任。

随后的几年间，青少年宫美术学校的学生逐年暴增，成绩满满。1998年，由国家教委举办的中国少年儿童美术书法大赛特将秦皇岛赛区设在青少年宫。在这次比赛中，王雅玲的学生有49幅作品获一等奖，147幅作品获二等奖，197幅作品获三等奖。

成绩，凝结着王雅玲无数的汗水和心血，她享受到了人生真正的美好、充实和活力。2000年，王雅玲的学生已经达到了1000人，青少年宫的场地显然已经放不下不断增加的学生了，必须得扩大学校规模，给孩子们找一处更宽敞、设施更齐全的地方。于是，在这一年，王雅玲寻找到燕山大街上的一处带有四层楼房的院子，挂牌成立了云河美术培训学校。“用这处院子给孩子们办培训班，办一个艺术高中再合适不过了。”

壮大：培训班发展成教育集团

“虽然我这些年把精力都交给我的孩子们了，但我感恩孩子们，我从孩子们身上学到了很多宝贵的东西，他们在画中流露出的稚拙、纯朴和天真烂漫的想象，也丰富了我的思维，激发了我的灵感，陶冶了我的性情。”

同时，一颗种子慢慢地发芽并拱出地面。

“人之初，性本善。中国古圣先贤的智慧告诉我们，每个人的天性中都具有至美的艺术感悟力和纯净的品性灵智，如果不在婴幼儿时期对其开发、确认、培养和扩充，其随着的生理的长成和社会的浸染，这些慧根就会减弱甚至泯灭。记得一位诗人说过：黑夜给了我黑色的眼睛，我将用他来寻找光明。职业经验告诉我，把艺术美育的年龄向前提，是符合孩子心智成长规律的，而幼儿园的氛围更能挖掘、丰富孩子的情商，宝宝们不应仅仅学会 1 加 1 和 ABC，而是通过美，去理解爱与被爱，学会包容和担当，这将是孩子一生的财富。”

由此，开办幼儿园的想法在王雅玲的脑中逐渐成形。

恰在此时，王雅玲的一位好友突然找到她，说自己手里有一些幼儿园的小床现在没有去处。“那就都给我吧！”王雅玲毫不犹豫地说。没几天，朋友就把小床全都拉来了学校。王雅玲和学校的教职工们一商量，撸起袖子，说干就干！

定制被褥、桌椅，购买教具和图书，布置校园环境……王雅玲还充分发挥美术教师们的特长，大家用了几天时间在墙壁上手绘了整面墙的图画，干得热火朝天也充满快乐。教师们的努力，使幼儿园的环境创意在当时秦皇岛私立幼儿园中首屈一指。

“既然坚持做这件事儿，就绝不妥协，不折中，不糊弄！”就这样，云河幼儿园开园了。从一开始只有两个班级发展到小班、中班、大班、学前班俱全，办学特色和质量远近闻名，很多家长甚至提前半年就来预约入园名额。

“我今天能站在这里拿到这个奖项，要特别感谢培养我十五年的云河，更要感谢我的启蒙恩师：王雅玲女士。”2020 年，毕业于纽约理工大学的青年艺术家王嘉在美国 NYIT 动画电影节的颁奖典礼上激动地说道。王嘉不仅荣获了电影节最佳动画视觉奖，还成功地被迪士尼公司聘请为高级动画设计师。

云河美术学校和云河幼儿园在王雅玲的带领下，取得了令人瞩目的办学成果，得到了社会各界的广泛认可，先后有近 7 万名学生在这里接受了正规的美术启蒙教育，孩子们的禀赋与潜能得到了最大限度的开发。学生们在联合国环境规划署组织的中国儿童环保绘画大赛、美国艾奥瓦州新年海报绘画大赛、世界和平海报绘画大赛、“成长的足迹”全国少儿创意绘画大赛、“溢美童心”全国少儿绘画大赛等国际国内大型绘画比赛、美术展览活动中屡屡获奖，获得好评。作为儿童美术教育的延伸，云河美术中高考培训也成绩斐然，近万名学生走进了纽约理工大学、伦敦大学、香港中文大学、中央美术学院、鲁迅美术学院、北京电影学院、中国传媒大学、上海戏剧学院、中央美院附中、鲁迅美术学院附中等中高等学府的艺术殿堂。

“我不是企业家。”王雅玲很有经营头脑，但她却很少去计算得失，对于盈利和社会责任之间的平衡，她有着自己的想法：“我只是在做事情，把该做的事情做好，做到极致，让自己满意，让家长满意，让员工满意就可以了，把事业做到具有可持续发展的能力，利润也自然会随之而来。”

丰硕的教学成果扩大了云河的知名度，也提高了学校的凝聚力和吸引力，云河教育集团走上了良性发展的轨道。学校连年被主管部门评为社会力量办学先进单位，云河幼儿园也成为秦皇岛首个获批省级示范园的民办幼儿园。

云河的课程设计富有探索性，它不是基于某种严格的教学规矩，而是源于大胆的开创性想象。云河的目标是解放孩子的天性，帮助他们开启智慧，发展良好的品性，多引导，不干涉，让孩子把自己的语言通过绘画的方式、创造性的思维表达出来。如今的云河，已壮大发展为集云河纽约Arthink Studio LLC、北京云河AAS艺术教育中心、秦皇岛云河青少年美术学校、云河幼儿园、云河美术中考培训基地、秦皇岛云河AAS艺术生活体验馆、秦皇岛云河艺术中心、云河教师培训学院、云河美术馆、云河艺术空间、云河有机生态园暨写生营地、云河影视传媒、云河文创等十三大板块的云河教育集团。

责任：让员工工作得更有尊严

“在一些人浑浑噩噩度过每一天之时，有的人，正在创造新的世界。”

女性创业充满了各种各样的困难，如世俗的眼光、家庭与事业的平衡等。但是女性创业者，却也拥有更多的优势：细腻有耐心，更能理解和感受员工的需求。

“我觉得女性在创业中，更像一个充满母爱的大家长，考虑的问题必须要更加周全。”在秦皇岛云河，200 余名员工中女性占据绝对多数。云河不仅为员工提供宽松有弹性的工作时间，而且为他们的子女提供入园优先优惠待遇，解决了孩子入园的问题就解决了教师们的后顾之忧，教师没有了后顾之忧就可以全身心地投入到工作中，保证了教师队伍的稳定。

一次，一名教师在单位突然腹痛难忍。“怕不是阑尾炎吧！快，赶紧送医院！”王雅玲亲自和几个人一起把这名教师送上校车，拉到了医院。她忙前忙后，还不忘时刻安慰这名教师：“没事儿，有我在！”是啊！一切有她在，幸好，她在！

这名教师的爱人当天正在外地出差，临时赶不回来。老人身体不好，家里的孩子也在上学。王雅玲紧急部署安排，有员工在医院陪伴这名老师，帮她办理住院手续，有员工替她去接即将放学的孩子。当这名老师的爱人赶回来的时候，一切井然有序，心爱的妻子安静平和地躺在床上，得到了最好的照顾。

“多亏有您在！云河就是我的家！”康复后的教师，紧紧地抱住了王雅玲泪流满面。

而这不是个例，是常态。王雅玲经常把员工的事情当成自己的事，尽心尽力，扛起了半边天。有她在，员工们心里踏实！

健全、快乐的企业有赖于成员之间的相互支持。30 多年来，云河教师们的流动变化非常小，甚至当年聘请的第一批员工直到今天仍然在云河工作，已经成为云河的骨干管理力量。这里就像一个温馨的大家庭，互相学习，互相成长，互相依存，无论是家庭还是事业，王雅玲都是教师们的榜样，大家都愿意跟着这个“老大”经营好这个大家庭，一起撑起孩子们的未来。

“现在国家越来越重视美学美育，一路走来，越来越感到我的选择是正确的。企业家首先是讲经营，教育家、艺术家讲的则是情怀，我要做的就是怎么把这几个角色很好地融合在一起，互相发挥作用，为国家培养更多的人才，同时也为员工提供有尊严的工作岗位，解决社会就业问题。”王雅玲说。

探索：云河教育走出了国际范

“美育不仅仅是答疑解惑，更是激发疑惑。要让孩子们在学习、创作的过程中不断提出新的问题，我们再努力去解决问题。”

云河成功之后，她本可以按照固定的教育理念一直运营下去，相反，她总是不停地探索，总是能在适当的时候，为云河带来全新的元素，更重要的是，她经常提醒大家，别忘了一个基本事实：未来都是从今天开始的。

企业要发展，带头人的思路首先要发展。这些年来，王雅玲一直致力于儿童美术教育理论的研究与探索，以国际化视野探索教育改革。各式各样的培训班如雨后春笋般崛起，云河也需登上更高的台阶。

王雅玲再次出发了。

2015 年，王雅玲进入中央美术学院教育学院高研班进修。在那里，她学习到了更加先进的美术教育理念，思维方式得到了一次全面的提升；她思考新时代美术教育发展的方向，并多次去英国、美国、德国、意大利、希腊、西班牙等国家进行学术交流、整合资源，开阔了学术眼界。

2018 年年初，王雅玲与西班牙皇家艺术家协会、皇家圣费尔南多美术学院、提森博物馆签订了合作协议。同年，西班牙皇家艺术家协会主席菲利斯先生访华，签署了西中两国战略合作协议，期间，菲利斯先生专程来到秦皇岛参访云河，并表示通过云河，他从全新的角度了解了中国，对中国的艺术教育有了新的认识。

“船停在港湾里是最安全的，但是这不是造船的目的。”王雅玲说。

王雅玲把多年来与国内外各大艺术院校的学习、交流成果，融入、运用到云河的课程体系中，云河以儿童心智发展阶段论和启发式教育作为研究教学方式的理论依据，把国际艺术大师的理念引入美术教学，把绘本教育引入幼儿园的课程体系，并通过线上线下教育平台及多种传播媒体的联动，打造新型融媒环境下的美育教学模式。她带领云河师资团队研发出一套系统、严谨、完整的以儿童心智发展阶段论和启发式教学法为理论依据，致力于提高儿童艺术素养与创造力的适合中国孩子的美术课程，以发散性思维、创造性思维为引领，让孩子们在玩中学，在快乐中学，在启发中学。把绘画与科学、历史、文学、科技等领域融会贯通，培养了大批优秀的艺术通识人才。云河以鲜明的特色和风格树立了独特的教育理念，王雅玲也因此成为国内儿童美术教育和基础美育领域的领军人物，云河也成为少儿美术教育领域一面鲜明的旗帜。

王雅玲经常受邀在各地进行美育演讲，将她的成果与经验分享给更多的美育教育工作者，为社会美育普及与推广、国家人才优培计划作出突出贡献。在第三届全国美育大会上，云河教育集团成为唯一受邀参加的社会美育机构，王雅玲在论坛中发表了《美育与未来》的演讲。中国美术家协会荣誉主席靳尚谊先生曾三次亲自为王雅玲颁发中国美育突出贡献奖。王雅玲为河北省的美育工作者争得了荣誉，其美术教育理念与思想，在国内乃至国际占有了一席之地。2018 年年初，由靳尚谊艺术基金会与中央美术学院教育研究中心共同发起的全国社会美育联盟邀请王雅玲担任首届联盟副会长，云河教育集团为首届副理事单位。

2020年的新冠肺炎疫情对线下教育培训来说，无疑是一场难以预料的强烈冲击，最核心的问题是大批优秀的教师无课可上且转型困难。王雅玲说：“近一年的时间没有收益，光为员工发工资，就进去了一座别墅。但这一刻，就是最能体现我们干事业的初心的时候：为国家，为社会，为大家，也为自己。”疫情期间，云河不仅为每一位员工提供了工资保障，王雅玲还提出线上教育计划，为教师们培训，让他们在最短的时间内学会使用网络平台教学，并制定了全新的网络艺术课程体系，让云河的全部教师，迅速成长为线上线下“双料”教育人才，大大提升了教师们的素养。

“生活有艺术的注入，就会充满活力；事业有艺术的注入，就有无限可能。”时间倏忽而过，云河转眼已走过30余年历程，王雅玲的每一天都过得充实、幸福，她说自己不是商人，只是愿意用心做好每一件事，她说艺术的魅力非常神奇，让她可以在许多领域如鱼得水。她也参股古董鉴赏、服装、房地产等行业，因为有了艺术修养的加持，她对参与的行业都能把握得当。

公益：以真挚的情感回馈社会

“阿姨，谢谢您。我一定好好学习，用好成绩报答您。”

2021年4月，王雅玲带着她的团队走进了秦皇岛市驻操营镇中心校，为孩子们带去了成套的衣物和学习用品，并为孩子们精心准备了一堂艺术课程。

“每一个孩子都应该享受艺术的滋养，认识美，走近美。希望孩子们更加热爱生活，自强不息，以优异的成绩回馈家乡。”面对单纯而又渴望知识的孩子们，王雅玲动情地说道。

光明爱心之家、青龙满族自治区的希望小学、康复中心……都留下了她的身影。不仅仅是捐钱捐物，在教育脱贫攻坚战中也留下了她美丽的身影。王雅玲让教研成果转化为实实在在的生产力，不仅大大增加了艺术教育的深度和广度，更为社会经济的发展注入了磅礴动力。她还肩负起秦皇岛市美术家协会青少儿艺术委员会主任一职，为孩子们搭建多元艺术交流平台，开办艺术博物馆，提升了秦皇岛市青少儿基础艺术教育的整体水平，推动了青少儿艺术创作科研事业的健康发展。同时，她还将孩子们的艺术衍生品与旅游业、文创产业融合，取得了不俗的成绩和社会反响。中国下一代教育基金会在人民大会堂授予王雅玲“中国最美幼教人”称号。

在 2020 年新冠肺炎疫情阻击战中，王雅玲积极响应号召，为辖区社区、派出所及爱心驿站等抗疫一线岗位捐送大量物资及医疗用品，为抗疫工作贡献了力量。

多年来，王雅玲以满腔热忱投身到妇女儿童的各项公益活动中，以真情和温暖回报社会。她担任市女企协文创产业委员会主任，启动了手工艺传承创新发展项目，为秦皇岛的农村及城市下岗待业女性提供传统手工艺品制作培训，解决了 200 余名女性就业问题。在中国共产党建党百周年这个特殊而有意义的 2021 年，王雅玲获“秦皇岛市三八红旗手标兵”荣誉称号，为广大妇女同胞树立了自强不息、无私奉献的典范。

前路：守护并享受永恒的初心

“云河”，一个多么温婉美好的词汇。

无数个纯洁的孩子如白云涌动，汇聚成艺术的河流，浪花朵朵，奔向光明璀璨的远方。

云河，又何尝不是一条汩汩前涌、滩沙映月的心灵之河呢？

王雅玲带领的云河，一直在挖掘孩子们内心的美好，激发、扩充和传递着孩子们内心的美与善。云河的孩子们，能看到风吹过大树后万片树叶的变化，他们是这个快节奏的时代里最容易体会到舒缓美好的人。美，激发着孩子们生命的活力，让他们如同花朵般绽放！

从最初的一个人，一间教室，30 年，凭借着在青少年艺术教育领域坚持不懈的探索与耕耘，她成功构建了自己独特的艺术教育理念：

“绘画是人生必修的课程，是让你打开思维、打开头脑的工具。”一个人不能没有美，因为美在人的一生中时时处处都有体现，不仅穿衣、计算机排版，就连吃饭还要讲色香味俱全。艺术是一种途径，它提供给我们想象的形式，去表达情感和解释周围的事物，而儿童天生就有想象力。儿童，由于生活阅历浅，还没有被繁芜的世俗生活所污染，对艺术的接受能力和表现能力极强，因此或多或少都有艺术型的特征。实际上，儿童的直觉感知比成人发达，他们和艺术家有着相似的感觉，他们下笔如有神的那种墨润的自然感觉是我们成人表达不出来的。

“他们的语言和他们的表达力，他们的自然流露，感染了我。每上一次课，我就激动一次，不知为什么，看孩子们完成一幅画的兴奋感，好像比我卖出一幅画的成就感还要强。如果能够持续地提供条件，让他们经常进行高品质的艺术实践，就能够一直激发他们的想象力，这种自幼年时期就保持的能力，将在他们成年后变成巨大的财富，使之终身受益。要把最美的东西给孩子，把他们的眼睛养‘娇贵’了，只看好的，不看坏的；把他们的品性养高贵了，只做善的，不做恶的。”

因此，云河儿童美术教育的目的不是培养职业艺术家，不是选拔艺术尖子，而是源于儿童天性的自由发挥，注重艺术欣赏力和创造性思维的培育，从小培养孩子对审美的感知，帮助孩子构建精神世界，无论将来是否从事艺术方面的工作，孩子都应该成长为对自己专业认真的人，并且懂得品味自己的人生，真实、善良、勇敢地面对人生中遇到的每一件事。

“大美无言，美是无处不在的，美本身就是生活。感谢这些孩子，他们就是艺术女神派来的小天使，可爱的孩子们激活了我所有的激情和热情。我非常幸运地既学习了艺术又学习了教育，现在我又把两者完美地结合起来。很庆幸，我没有放弃最初的梦想，又回到了追逐美好的初心上，把云河教育集团打造成一个培育艺术家和美好人生的摇篮，让更多的孩子在这里感知艺术的价值，获得艺术的力量。”王雅玲说。

情怀、担当、责任、使命、幸福、崇高……她笃信，好人走过的地方开满鲜花。

有一双月亮般笑眼的她，心中分明涌荡着美好的期盼。

每个清晨，远远地见到校门前晃动的彩衣甚至仅仅耳中听到了“我的孩子”们的喧笑声，她的眼前就会浮现最美的一幕：面朝大海，春暖花开，云河的男娃女娃们，幻化出了如七彩霓虹般的翼翅，闪烁着，扇动着，像河畔小荷上的蜻蜓，更似敦煌莫高窟画壁上的反弹琵琶、衣袂飘飘的神女，翩翩着，飞起来，舞满天际……

“只要还有明天，我就会让彩虹满天”

文 / 戴红梅

海琪花不是一种花。

在网站搜索“海琪花”，1 秒钟时间，22 万个相关词条瞬间霸占屏幕，几乎所有的词条均指向一个品牌，秦皇岛北戴河特产——海琪花。这名字中的三个字，在 2012 年之前，还各自独立在每个字本身的字面意义之上，而在这一年，有一个女人在浩如烟海的汉字里，将它们捡拾起来，组合在了一起，“海琪花”就这样以一朵花的姿态进入了人们的生活，一朵让人味蕾全开的花。

海琪花其实是一种花，是盛开在一个女人心海中最漂亮的一朵花。它自由、飘逸，恣意绽放成想象中最美丽的样子，它值得用坚韧和信心，用一生中最好的年华去尽情打磨。就这样，几年时间过去，当我们打开搜索网站，22 万朵盛开的海琪花便一朵一朵汇聚，慢慢描摹出一个女人浅笑嫣然的面容。

没错，她的名字叫作纪红，秦皇岛冀红集团总裁，她的经历，堪称传奇。

一

多年以后，当夏天的风拂过衣襟鬓角，背靠着占地33亩的冀红集团总部大楼，在亲手打造的海琪花广场上剪下红绸那一刻，没有人知道，那个被鲜花和笑脸、掌声和喝彩包围的女人，她绽开的笑容里曾经藏着多少艰辛和苦涩。越过眼前这一幕，二十几年前那个勇敢走出家门的纪红正坚定地向自己走过来，面容越来越清晰，她脸上写满执着和自信，青涩却散发出独特的魅力。

“谢谢你！”她在心里轻声说给年轻的自己，“没有第一次的勇气，没有努力和坚持，就不会有现在的自己。”

时光翻到1995年，跟随丈夫从黑龙江来到秦皇岛的第二年，为了改善家里的生活条件，柔弱腼腆的她抛下一岁多的儿子，从给人打工站柜台、卖鞋子开始，到租用柜台卖彩妆化妆品，再到租下小门面开超市，三年多的时间，她用辛勤和汗水积累起第一桶金，而彼时的她并不知道，属于自己的创业之路，即将迎来一次飞跃。

二

隔开二十几年的光阴，纪红仍然清晰地记得那个夏天的午后，朋友一边咬着雪糕一边和她说话的情形。

“现在的冰品生意很好做，我听说伊利正在招收代理。”彼时的阳光正热辣辣地照在两个人身上，朋友手中的雪糕在她说话的间隙已融化掉大半，有几滴落在指缝间，她快速吃完剩下的，用纸巾擦着手。

“不如咱们合作，一起做起来吧！”

许是被热浪中一根小小雪糕的凉爽撬动了心神，抑或许是不知从哪个角落传来的蝉鸣声太执拗，她点了点头，承诺下来。

两个怀揣梦想的人随即着手联系厂家，但是一番打听下来，当时的冰品市场窜货现象严重，相互砸价，品牌代理几乎没有人愿意做，且投资需要大约100万元。

20世纪90年代，100万不啻一笔巨款，做好了，第一年才有可能持平，若做得不好，极有可能赔钱。

朋友最初的热情被浇灭，果断放弃了代理项目。

纪红虽然也想过放弃，但是在丈夫的支持下，她还是决心一试。

许多事情就如同梦想一样，在想象中简单而美好，当你真正做了，深处其中，才知道什么是举步维艰和进退两难。

一进入这个市场，两大难题随即迎面而来，让纪红有些措手不及。当时的苦咖啡冰棍，出厂价是30.6元，运费2.5元，到她这里的成本价是33.1元，而其他的商家就近窜货，运费只有0.5元，成本比她少2元，她代理的冰棍，根本没有人愿意卖。

打听到一家超市冰品卖得好，纪红就和司机开车去联系送货，超市老板听完她的报价，一口回绝了进货请求。

“你的报价比别人高不少，还代理呢，不会是骗人的吧？”进门前的满怀希望被迎面拦截住，但纪红并没有气馁。

“我确实是伊利厂家的销售代理，这个价格也是厂家的最低价了，别人家的货虽然便宜一点儿，却是从别处窜来的，进货渠道不稳定，很难长期合作，要不，先放一些在你这里，卖卖试试？”

超市老板见她态度诚恳，口风稍稍有了些松动：“如果价格再降下来一些，倒是可以考虑考虑。”

为了拉住这个客户，纪红咬咬牙作出了一些让步，但是当司机把车上的样品搬到店里后，老板反悔了，还是嫌价格高，司机只好把样品又搬回到车上。

纪红没有灰心，又继续和老板谈，一个小时、两个小时，司机来来回回搬进搬出了三次货，终于耐不住性子：“咱们走吧，别在这儿浪费口舌了，再去别家看看，我就不信好的东西没有人要。”

纪红不服输的犟脾气也被带动了起来。

“我今天倒要看看自己的能力如何。”

她在心底里跟自己较起了劲儿，就这样，站在超市门口，两个人从早晨谈到了中午，嗓子都沙哑了，超市老板被她的诚意所打动，终于答应了合作。

中午的阳光蒸干了身上的汗水，走出超市那一刻，纪红竟然觉得爽快无比。

几个月下来，虽然积累了一些客户，但由于资金短缺，运费问题得不到解决，纪红的公司还是处于亏损状态。

做还是不做？

在残酷的市场竞争面前，容不得太多的犹豫，要想打开局面，就必须先把运费降下来，她决定大车厢运货，每箱的运费成本减下来一半，而同行也随即跟着降价，一场历时半年的价格战就这样拉开了，之前辛苦赚来的钱被折腾殆尽，纪红陷入了两难的抉择。

生意上的事，家里人不懂，心里的难处，她不愿意对别人说，只能自己扛。那一段时间，纪红整晚睡不着觉，常常一个人开着自己那辆二手面包车，找个没人的地方停下，在车里痛哭一场，哭完了，再像没事一样继续工作。

丈夫将她的难处看在眼里，安慰她说：“你做吧，赔钱也没关系，家里还有我呢。”这一句话坚定了她的信心，她决心背水一战。

通过连续不断地走市场、了解需求，同时总结几个月摸爬滚打中积累的经验后，纪红改变了经营策略。

在前期投入的基础上，又贷款30万元买了4台车，增加了8名运输工人，由原来的一次进货5吨改为10吨。由于进货量大，厂家免去了运费。与此同时，通过拜访客户进行网点铺设，将海港区划分为4个片区，提供送货上门服务，一改沿袭多年的坐商模式，变为主动送货上门的行商模式。

机会永远留给有准备的人，就在此时，伊利公司推出了一款新品——伊利小布丁，一经上市，就广受欢迎。因为是独家代理，又直接把货送到消费终端，取消了中间环节，同时加快了运转速度，局面一下子被打开，公司的运转活了起来。

1999 年年底，在伊利全国五六百家代理商中，冀红公司小布丁的销售额名列第一。率先实行的行商和分片区营销模式，也成为伊利在全国各地代理商中广为推行的销售模式，被各大厂商纷纷效仿。

2000 年，在冀红公司的带动和倡导下，秦皇岛伊利冰品市场持续已久的乱象终于理顺，市场井然有序，再无窜货、倒货和砸价现象。

2001 年，冀红公司逐步代理了伊利液态奶、雀巢冰品、雅士利奶粉、龙凤速冻食品等系列产品。当年，公司伊利冰品销售额增长稳居全国第一；2002 年，公司销售额突破千万元；2006 年，公司销售额达到 6000 万元。

此后，冀红公司一年一个台阶，遥遥领先于同行业。

三

世间的事大多如此，当一条拥挤的路疏通了，前方所有的路都会豁然开朗。

2009 年，冀红集团踏上了开拓北京市场的征程。他们在北京成立了合顺天成经贸有限公司，进军北京的电器市场。

这是一次主动的出击，如果说最初代理伊利是一次毫无经验的探索之旅，那么这一次便是华美的转身。大品牌的管理理念极大地影响了纪红的经营认知，她的眼界完全打开，这一次她还是选择了一个著名的电器品牌——“公牛”。

实践证明，这是一次独具慧眼的睿智选择，作为公牛电器在北京的销售总代理，北京分公司年销售额第一年就突破了 1.3 亿元，并且一直保持良好的发展势头，成为集团最优秀的分公司。

从伊利到公牛，冀红集团由生存走向稳步发展。

四

许多时候，机遇不是等来的，也不是求来的，而是善良的心得到命运的回报。一念之间的抉择，人生的格局从此就大不相同了。

“人们经常会被眼前的事情困扰住，但是生活里有很多悬念，一旦揭开，或许就会有更好的事情在等待着你。”

想起 10 年前那一次仗义之举，纪红仍深有感触。

“那是 2010 年，经营海产品加工生意的金海马公司遭遇经营困境，老板又患了重病，企业濒临破产，请我帮忙将金海马公司转让出去。”

当时的情形如在眼前，纪红的声音缓了一缓。

“见到她的困境，我第一个反应就是尽力去帮她。当即联系了另一位想要创业的朋友，双方很快达成了协议。然而接手金海马公司后，朋友才发现，这个公司几乎已经是一个烂摊子，连生产许可证都已经过期，她很快反悔不做了。”

说到此，这个一诺千金的女人，脸上毅然决然的神情又掩藏不住地流露出来。

“帮人帮到底，一方面出于道义和责任感，另一方面，在对秦皇岛地区干鲜海产品市场和金海马品牌效应有了初步了解后，我隐约挖掘到一丝潜在的商机，于是决定接手这个烂摊子。”

虽然有了心理准备，但是真正接管金海马公司，纪红才知道这个决定有些冲动了。

那一天，汽车在抚宁县（今抚宁区）偏僻的小路上左拐右拐地颠簸，最终来到一个不起眼的低矮厂房前。金海马公司，与她之前想象的完全不同，眼前的厂房和环境如此陌生，即将进入的行业是如此陌生，该从哪里开始呢？

令所有人都没有想到的是，纪红对新接手的金海马公司烧的第一把火，就是销毁原公司剩余的所有产品和原料，同时放弃原本租赁 10 年却刚刚用过 1 年的公司厂址。当她把这个决定向大家宣布的时候，立即炸开了锅，原公司的员工们不理解，有人更是心疼得落泪。

“我们辛辛苦苦做出来的，咋能说扔就扔呢？再说，那些剩下的原料等到第二年旅游开始，重新包装一下，全都能卖出去，何苦要扔掉呢？太可惜了。”工人们说。

“这不是坑人害人吗？公司剩下的产品都是卖不出去返厂回来的，原材料有的也都变了颜色，这样的东西你们自己敢吃吗？谁买回家后下次还能再来买呢？”纪红说。

一连几个问话让大家哑口无言，纪红的声音里带着笃定：“那是一锤子买卖、自断后路的做法，绝对不行。我们要做就做高品质的产品，用高品质打造出好的品牌。”

将 100 多万元的原料和市场回收的数十万元产品，以及原包装集中起来全部销毁，重新申办生产许可证，选择新厂址。

一切重新开始。

每跨进一个新的行业、新的领域，都要经历一些事，但是无论遇到怎样的困境，纪红却总是坚守这一条：坚持品质，坚守诚信。

整个 2011 年，纪红全力以赴只做了一件事——打造即将绽放异彩的海琪花，打造她心中那朵自由、灵动、飘逸的魅力之花。

这是一次事后想起来颇有些意味深长的选品之路，纪红亲自带领员工到全国各地去挑选优质原材料。她对员工说：“虽然我们对食品行业都不太了解，但是必须把握住一条原则，就是要挑选出最好的原材料，要自己先尝，觉得行才做，不行，绝不迁就。”

“我们首先要做出自己敢吃、喜欢吃的产品，如果自己做的东西自己都不敢吃，怎么能卖给消费者呢？”

人生许多时候，愿望是好的，但是现实并不会按照愿望中的想象发展下去，在实现的过程中它偶尔也会开个小玩笑，或者孩子气地做个恶作剧，因为过程永远会比想象更为精彩，尤其是当你忽略了一个词叫作“约定俗成”或者“先入为主”时。

纪红他们带着这个标准找到原材料厂家的时候，就遭遇了这两个词。一听说是秦皇岛北戴河来的，马上就拿出大家平常进货的样品。

“有没有更好的？”

厂家老板用不解的眼神迅速瞥了他们一眼，一番好意地说：“你们北戴河我太知道了，只卖这些就行，如果要更好的，你的进价比别人卖价都贵，根本卖不出去的。”

纪红的孩子气被逗上来了：“我就要更好的，你不用管能不能卖出去。”

“一看你就是个外行，根本就不懂，你这样是根本不会做起来的，好货不适合在你们那儿卖。”

纪红跟老板急了：“说的好像是我不给你钱似的，我要你这里最好的原料，做，我就要做出最好的产品来。”

世上任何事情只有两种结果，要么是好，要么是坏。在纪红的坚持下，事情在不断向着好的方向发展。

找到了高品质的好原料，又在北京请了专业的策划公司，重新设计了包装。在生产环节，纪红要求员工完全按照出口产品的标准，严格把好各道生产关口，秉持代理伊利时的诚信和对高品质的不懈追求。经过一年的精心打磨，2012 年，海琪花产品以“海洋头道鲜”亮相秦皇岛市场，由于口感好、品质上乘，很快就得到了消费者的认可，迅速在全国铺开。

两年后，海琪花产品成为秦皇岛旅游特色产品市场上的一张靓丽名片，获得河北省著名商标。

五

沉睡了 1700 多年以后，一口古老的水井重见了天日，与它一同被发现的，还有另外两口井。

因为租用的外贸食品库拆迁，纪红买了 33 亩地自建厂房。这是她自创业初期就一直怀揣的梦想，等到公司发展起来了，就为自己和员工们创建一个更好的“家”，让大家都能在宽敞、舒适、整洁的办公环境中工作。为此，她足足考察寻觅了两年，才确定下这块土地。

打地基那一天，工人们发现了一处泉眼，水质出奇的清冽甘甜，结合当地的传说，经考古部门研究论证后，为秦驰道遗址旁大型驿站所打的 36 口井之一。这一重大发现，引起了当地考古及旅游等部门的极大关注。

心有所向，便会一往无前。

冀红集团如破土的新芽，在这块土地上很快生根，继而长成一棵生机勃勃的大树。

2021 年 6 月 3 日，纪红的微信朋友圈里，一张张孩子的笑脸比初夏的花儿更加明媚，纪红用未泯的童心写道：“孩子们太可爱了，都说来瀛园教育基地研学太好了！不但亲手实操做豆腐、烤鱼片、开蚌取珍珠、挤牛奶、做奶片，还能‘吃席’，你知道什么是‘吃席’吗？”

在生命的进程中，一路向前固然是好，但是有时候却需要停下来，思考和沉淀曾经的过往，好让思想和灵魂追上行动的脚步。

新冠肺炎疫情的暴发，正好给了纪红这样一个契机。当别人还在家中晒吃晒喝晒各种闲极无聊时，纪红却利用这难得空闲的几个月时间，沉下心来，对整个冀红集团各个领域和项目进行了总结和梳理，一条新的发展思路逐渐清晰明朗起来。

“我在新闻中得知，孩子们每天在家上网课，缺少活动和锻炼，就想着能否依托海琪花工业基地，打造研学工业实践基地，传承秦皇岛文化，让孩子们在实践中了解家乡，感受匠人精神。”

2020 年 4 月，全面复工复产一开始，原有的远方瀛园旅游文化体验中心即开始了转型升级改造。结合集团已有优势，通过室内、室外设施，将一二三产有机地融合起来，一个集工业劳动实践、手工技艺体验和职业生活体验的新型产业——综合实验教育基地快速地崛起了。

在很多企业因疫情而纷纷倒闭的时候，冀红集团又一次站了起来。

2021 年开年伊始，这个全新的体验式教育中心——瀛园实践教育基地正式开营。当孩子们的笑语欢颜如初春的朝阳洒满整个园区时，一个属于冀红集团的新的征程开始了。

六

在这世上，总有一些人就像阳光一样，他们走到哪里，就会把温暖和明媚带到哪里，纪红就是其中的一个。如果不知道她的故事，几乎很难想象这个清秀弱小的女子会是一个管理着 11 家公司的集团总裁，很难想象她带领着她的团队一路披荆斩棘，开拓出一片又一片新的天地。

然而，能力越强，责任也越大，在不断前行的路上，纪红边走边往自己身上加担子。

创业伊始，她就在全市商贸系统率先给全体员工上了养老保险，那时候员工们对养老保险还没有什么意识，认为每个月还要自己缴纳一部分费用，觉得“划不来”。纪红就给大家解释：“你们现在在这儿帮我做事情，一起创造财富，等到老了，我也要让你们有一个依靠。现在公司替你缴纳大部分保费，你们只需每月缴纳一小部分，等到退休后就可以每个月都领工资了。”

员工有患重病的，她不仅带头捐款，还号召大家一起救助同事，并亲自将捐款捐物送到员工家中。一位跟随她十几年的老员工是个单亲妈妈，带着孩子，生活比较拮据，每次开工资，她的工资都相当于平常员工的两倍还多。她家孩子小的时候带到公司里来，纪红总会帮她照看着。从小学一直到大学，孩子的各种学杂费等，她几乎承包了。

“那天是我生命中最重要的一个转折点，当纪红阿姨将 5000 元学费送到我手中的时候，我知道我的命运改变了。”

这是一个从青龙县偏僻山村里走出来的女孩儿，她是那个村子里百年来仅有的一个大学生。由于家庭贫困，她没有钱上学，在她即将放弃学业的时候，纪红将学杂费、衣物以及生活日用品、书等一股脑送到了她手上。自此，这个叫晓燕的女孩就闯进了纪红的生活，每年开学季，她都要像对待女儿一样，提前为她准备好学杂费，还贴心地买好换季的衣服和学习资料等。晓燕也在每一个假期都回到纪红的公司进行社会实践，学习锻炼自己。

2020 年疫情期间，整个集团几乎没有效益，但是纪红却坚持着贷款给职工发工资，并且坚决不裁员，以一己之力为职工们撑起了一片天。

七

一个人有一种想法很容易，但是能将想法变成现实却很不易，纪红想到了，也做到了每一件她想要做的事，她的世界，因此每一天都充实并快乐着。

作为一个睿智的女人，她知道经营管理好集团和公司固然重要，但是比工作更重要的还是家庭，家的和谐幸福才是她创业的真正动力和源泉。她想要的，也只是一个女人最朴素的愿望，就是家庭和事业的双丰收，因为她更加懂得，爱家就是爱自己的最好方式。

与丈夫结婚近 30 年，出来创业也已经 20 多年，家，始终是纪红最温暖的依靠。

“也曾有过矛盾和摩擦，但是任何事情都是一种经历，与其烦恼不如学会相互转化，把心放简单了，所有生活的问题都会迎刃而解，而在爱和亲情面前，没有什么是不能放下的。”

所以这个在外面奋力打拼、叱咤商界的女子，每天回到家中，就只是公婆眼中孝顺、乖巧的儿媳，她自婚后就一直和他们生活在一起，像女儿一样贴心贴肺地照料他们。丈夫去北京的公司发展后，不能经常回来，她每天回家后，不管多忙多累，都会变着法儿地哄二老开心。

只是一说起儿子，不管遇到什么事都一直微笑着的纪红眼圈有些微微发红：“他小的时候，家庭条件有限，没能给他最好的生活，大一点儿了，我又忙着创业，很少有时间陪他，只好在上高中时就送他出国去留学。”

纪红的声音又喑哑了些：“缺席儿子生命中重要的成长阶段，是我这一生最遗憾的事。”

“然而世间的事没有双全法，好在儿子刻苦努力，学业有成后携儿媳归来。”

说到这里，纪红的脸上又不自觉地流露出微笑，有疼爱她的公婆、理解她的丈夫、懂事能干的儿子儿媳和刚刚蹒跚学步、活泼可爱的小孙子，四世同堂的天伦之乐，让这个已到知天命年龄的女人比同龄人更加年轻美丽，光彩照人。

2005 年，在一次体检中，纪红被查出患有先天性心脏病，做了一次大手术，难得停下了忙碌的脚步。在病床上，她忽然感觉到自己是如此渺小，成败得失在生命面前，都脆弱得不值一提。那一刻，她提醒自己，要好好地活在当下，把每一天都当作最后一天来过。

“自那以后，我就每天给自己定一个小目标，一步步去完成每一件该做的事情。人不能决定自己的长度，但是却能决定自己的宽度。”

她对自己说：“只要还有明天，我就要让彩虹满天。”

"铿锵玫瑰"别样红

文 / 李楠

初见李新娟，给人的感觉就是端庄优雅，她早已从那个敢闯敢干、有棱有角的创业打拼者成长为运筹帷幄、决胜千里的女企业家，并担任秦皇岛市政协委员、提案委副主任、临时党支部书记，秦皇岛市工商联执委，海港区工商联（总商会）副会长，秦皇岛甘肃商会党支部书记、会长，河北省女企业家协会常务副会长，秦皇岛女企业家协会常务副会长，秦皇岛君尚文化传播有限公司董事长，身披诸多光环，肩挑各种重担，是我市乃至全省女企业家中的翘楚。而她的成功之路，就是把自己的梦想坚持下去，并变为现实。20 多年的创业经历与人生沉淀，使她像一本优雅厚重的书，让人读出了她的内涵与深刻，读出了她的典雅与品位。她沉静的眼眸里，如一潭幽泉，沉淀着人生的风雨和对岁月的思考。

不服输的姑娘

李新娟明丽爽朗，快人快语，话语中透着沉稳与坚定，不禁让人想问：这种性格与成为一名女企业家有关吗？李新娟眨着她那双美丽的大眼睛说："当然有关啊。创业者一定要有好的心态，否则就输在了起跑线上，因为你是创始人和领头羊，你的心态决定了企业的命运。"

李新娟的老家在甘肃平凉，15 岁那年，河北省武警交通七支队到平凉招兵，负责人一眼就看上了这个喜欢唱歌跳舞的姑娘，于是她成了一名特招文艺兵。1995 年，脱下军装后，她被秦皇岛的美丽和开放吸引，被人才引进到本地一家单位工作。

但仅仅 4 个月后，李新娟却选择了辞职。对她来说，这是个不得已而为之的决定。在原来的单位，她一个月才挣 200 元，勉强支付每月房租和生活费，不甘心的她作出了一个冒险的决定——自己创业！

对于一个在秦皇岛举目无亲的姑娘来说，这样的决定有点冲动。她没有大学文凭，除了喜欢唱歌跳舞之外，也没有别的一技之长。那段时间，她像一只忙碌的小蜜蜂，到处打工。她当过服务员，卖过服装，干过美容美发……最忙的时候，要一天打几份工，如同一只陀螺不知疲倦地转着。

"我那时候唱歌特别好听。"李新娟说。打工挣点钱，她会坐上绿皮火车去北京学音乐，实现成为一名歌唱家的梦想。那时候在北京学音乐，两个小时的课要花费 300 元，这对打工的她来说，是一笔不小的开支，尽管她后来获得过全国歌手大奖赛新人一等奖等多个大奖，但这仍不足以养活自己。闯天下还是唱歌？她很纠结。当最后决定放弃唱歌的梦想时，那天晚上，她找了一个电话亭，在给家里打电话时哭得稀里哗啦。第二天，她把脸一洗，走了一个多小时到华联商厦去卖服装，就像没事人一样。

"选择一条人迹稀少的道路，会让你的人生与众不同。但这条道路荆棘密布，就像一道窄门，进入之后才体会到有多艰辛。"李新娟这样说。

“但是，谁在这条路上能够感受到意义，谁就能走得更久。”

从打工开始，李新娟慢慢积累起创业的资金，1997年她成立了自己的第一家经纪公司，开始“下海”闯荡。2003年，成立美利达工贸有限公司，进入商业流通领域。2015年，公司正式更名为秦皇岛君尚文化传播有限公司。“君尚”二字出自宋代哲学家邵雍《君子吟》中的“君子尚德”，君尚文化誓做企业君子。

“我相信每个创业者都一样，在整个过程当中会有很多很多这样的挫折，最重要的是能够接受它，接纳它，不断地反思、沉淀、领悟。”十几年来，凭着不服输的精神，李新娟成就了自己。

从李新娟的身上，我们可以看到，一个人的高度、视野和格局，决定了他的方向、目标和执行的速度，这是成败的关键。

君尚文化在李新娟的带领下不断成长。在君尚文化传播公司，可以看到大部分员工都是“80后”“90后”的年轻人，都有一张洋溢着朝气的脸庞，让人感到这里每一处都彰显着活力。“年轻人永远都站在时代的前沿，后面的一群人就是坚实的团队，但是光有团队不够，还要有更强大的合伙人。我最大的感受就是成功需要内力和外力，内力是我们自己组建最好的团队，外力是能够跟你一起产生共同价值的合作伙伴。”李新娟坦言：“艺术设计具有时尚与科技、古典与新锐融合的新特点，这里面年轻人的想法很重要，君尚文化愿意为年轻的设计者们搭建平台，帮助他们成长。”

从普通的打工者到女企业家，李新娟该满足了吧？然而，她依旧每天早起晚睡，工作十多个小时，一年中有大半年奔波在市场一线。工作几乎占据了她的大部分时间，她的同事说她简直就是为了工作而生。除了经常面对千头万绪的企业发展问题，如何与客户处好关系，如何把全新的企业管理理念带入公司等都是她常常思考的问题。对此，李新娟说：“我的老乡，天士力控股集团董事局主席闫希军资产已过千亿了，68岁的他依然奔赴在一线，每天还在努力着、奋斗着，我们有什么理由不努力？”

创业之路，李新娟付出了很多，但收获的更多。“既然是少有人走的路，一定少有常规可循，会有批评和失败，所以你的内心要非常强大，要有坚定的信念，不忘初心，砥砺前行。”

让文化赋予设计灵魂

李新娟的办公室充满了文化气息：考究的红木家具、复古的老式留声机、厚重大气的书法和古朴典雅的绘画作品……这样优雅惬意的氛围，不禁让人联想，君尚是怎样一家公司，与文化有着怎样的联系？

问及李新娟为什么要开文化公司，她这样说：“人们对产品设计的需求是基于对美的理解，这实际上与我们经济高速发展息息相关。进入 21 世纪，经济的发展带来产品的百花齐放，人们的审美有极大的提高，进而促使厂商去思考什么样的产品更美观更好，更有文化底蕴，消费者更愿意去接受。”

李新娟对“文化”二字有着天然的亲切感，她对记者说：“文化公司就要敢想敢干，创新意识要强，要有面对市场的勇气。特别是文化产品，做好了，对企业、个人、社会都有积极的意义。人没有了精神，就等于失去了灵魂，人生追求越高，精神就越充实，情操就越高尚。”

李新娟告诉记者，与其他文化公司不同的是，君尚为企业提供设计服务时，设计师们要做大量的工作，即梳理企业的历史，摸透企业的文化，了解负责人的想法等。“你不了解这些，你做出来的产品是没有灵魂的。每个与我们合作过的企业，我们都有完整的档案保存，好多企业撰写发展史的时候，还要到我们公司来查阅资料。”

李新娟的创意团队在设计之初会对产品市场进行深度调研，获取一手的市场数据，并将其提炼出来融入产品品牌策略中，最终通过创意去落地实现，而不是让设计师坐在电脑前空想或者指望灵感乍现。一个好的创意，一件优秀的作品，不仅需要精湛的理论与扎实的功底作支撑，更得益于岁月的积累与沉淀。

那么，在创意过程中，如何给设计赋予内涵？李新娟给出的答案是：创意应当与文化深度融合。文化就像酒一样，越存越香，文化创意不单单是“新技术、重投入”的简单叠加，它好比新枝嫩苗，需要根植在社会文化的沃壤上方能茁壮成长。“我们君尚文化使命是：以文化之美，让品牌增值。我始终认为，中华民族五千年文明赋予了我们极为厚重的文化土壤，只要把文化做精做透，植入产品的品牌形象中，就永远不会被所谓的潮流所淘汰。”

记者在君尚文化公司展示厅看到，在设计的产品中，有青花瓷元素的应用，有盛唐风格，有经典书画艺术乃至将汉字解构融入设计中，无一不是从中华传统文化中汲取精华。

“我希望我们的产品，要合理地对中国元素进行分解利用，让其成为文化传承的载体，让消费者在使用商品的同时，也接受文化潜移默化的熏陶。”

如今的君尚文化传播有限公司，致力于中国文化的传播与交流，是一家集品牌营销、活动策划、广告工程、园林景观、亮化工程、企业文化提升、印刷设计、展览展示、视频动漫、书画展览于一体的文化传播公司，客户遍及北京、天津、上海、广东、西北五省等省市以及马来西亚等地，涉及金融、教育、制造、商贸等多个领域。

助力“创城”，巾帼添彩

用李新娟的话来说，搞文化创意容易兴奋，搞着搞着就陷进去了，不知其中的苦与累。作为君尚文化传播有限公司的董事长，最让她以引以为傲的是 2017 年秦皇岛创建全国文明城市和举办 2018 年河北省第二届（秦皇岛）园林博览会，她和她的团队都是积极的参与者和执行者，并为之付出了很多时间和精力。

在创建全国文明城市的过程中，她的团队承接了创城宣传的设计工作，利用秦皇岛市区主干道的灯杆灯箱、公交站亭等大型广告媒体，开展公益广告宣传活动，有品位、有温度的系列设计助力秦皇岛最终获得“全国文明城市”称号。

这是李新娟最难忘的一次经历。政府的活动时间紧、任务重、要求高，绝不能出半点纰漏，团队常常加班至深夜，甚至几天几夜“连轴转”，详细了解道路的概况、周边商圈、可用资源等情况和当前创城工作的重难点。“创城宣传设计工作要系统，不能天马行空地想当然，而是结合实际，有针对性地抓住工作亮点等内容，精心设计，广泛发动。我们要求产品既要有铺天盖地的量的规模，也要在质高效显的落细、落实上下功夫；不但要具有观赏性，还要在统思想、凝人心、聚人力上获得市民的共鸣。”

这些由统一规划设计出来的产品，内容和色调与我市周围的城市景观风貌相融合，与我市城市历史文化相承接，与我市市民接受方式和欣赏习惯相契合，成为我市创城工作中一道亮丽的风景线！

精美的产品背后都有极大的付出。为此，李新娟和她的团队推掉一切活动，专心投入到创城的工作中。“创建文明城时期，最长的一次是我们团队连续 72 小时不睡觉加班，有的员工甚至为此晕倒，但大家都没有抱怨，因为我们知道，我们城市的每一个人都是创城不可或缺的一员，能参与到这样一项有历史意义的活动中，君尚的每个人都感到无比自豪！”

而从助力秦皇岛创城开始，李新娟和沈汝波精神也结了缘。2017 年，在承接公益广告梳理沈汝波的事迹时，李新娟被沈汝波的事迹深深地感动。自此，她决定以实际行动接力沈汝波。

李新娟组建了“君尚文化党义志愿服务队”“秦皇岛甘肃商会党义志愿服务队”，编写了《燕赵楷模——沈汝波》图书，为党义志愿者公益服务中心免费设计和印刷画册 2000 本，向党义志愿者公益服务中心捐款 2 万元……李新娟又和团队做了沈汝波主题公园的规划设计提案。

如今，秦皇岛志愿者身上红灿灿的马甲就是出自君尚的设计。马甲极容易洗涤，耐磨性也比较好，面料可以防辐射，可以有效地遮挡太阳光，而红色代表热情、有活力、积极向上、温暖等含义，颜色又醒目，容易引起注意。李新娟告诉记者，沈汝波离世时就是穿着编号为“001”的红马甲。这件编号为“001”的红马甲当时是从广东制衣厂 48 小时接力做好的，意义非凡。

参与创城后，李新娟与君尚受到了来自广大市民与相关部门的认可。党的十九大胜利召开后，君尚文化成功完成了我市海港区、北戴河新区、开发区等 10 多处十九大公益广告的设计制作，受到市领导的赞扬。2018 年，河北省第二届（秦皇岛）园林博览会的开幕式、闭幕式由君尚文化全案策划设计执行，与会嘉宾纷纷为君尚文化点赞。

回想起成立君尚文化的初衷，李新娟坦言，自己是甘肃平凉人，自人才引进到秦皇岛，便喜欢上了这座美丽的海滨城市，在这座城市待久了，就想为城市做点什么。她想利用公司的设计和策划优势，为提升秦皇岛的形象和品位尽自己的一份力。显然李新娟做到了，她将此总结为“用文明提升城市温度，用艺术重塑城市品位”。

予人玫瑰，手留余香

“对我来讲人生最重要的两件事：一个是工作，在工作中找到成就感，实现自我；另一个就是爱，为爱付出。”李新娟这样说。谈起自己的爱人和女儿，李新娟满脸幸福感都藏不住，家对她来说是一个温馨幸福的港湾。

李新娟把对家人关爱的境界不断提升，上升到对社会的关爱。企业成功了，李新娟开始思考如何回报社会。在 20 多年的经商历程中，她自觉担当起社会责任，传递着社会责任感和正能量。

在秦皇岛生活了 20 多年，回想起当时来秦皇岛，举目无亲，有同乡在身边陪伴，就是一种安慰，所以她有了成立商会的想法，给在秦皇岛的西北人做点事。这个愿望终于在 2017 年实现了——秦皇岛甘肃商会成立。

作为商会的书记、会长，商会的会员对接、对外联络、公益事业、党支部活动等，牵扯了李新娟大量的精力，但是她从不抱怨，总是以饱满的热情投入到商会的服务工作中。军人出身的她做事雷厉风行，大家都亲切地称她为“毛毛姐”。

在新冠肺炎病毒肆虐期间，李新娟第一时间组织商会党员疫情防控小组，并带头捐款，号召商会党员、积极分子、会员奉献爱心。为了防止疫情传播，她代表商会全体会员同秦皇岛女企业家协会一行，冒着凛冽的寒风给工作在一线的站前城管、海港区海滨路消防救援站、港城大街派出所、电视台、环卫之家、报社等的工作者送去慰问和口罩等防疫物资，用自己的行动践行了一个企业家的社会责任感与担当。

甘肃靖远的硒砂瓜成熟了，家乡瓜农为西瓜的销路而发愁。李新娟得知这一情况后，带领会员们行动起来，实施了商会“爱心善购”计划。她还积极发动更多爱心人士和企业参与活动，短短4天时间，广大爱心人士共购买西瓜22000公斤，帮助瓜农解了燃眉之急。

作为一名党义志愿者，李新娟积极参与公益事业，热心扶贫帮困，帮助遭遇车祸的大学生，帮助青龙山区贫困家庭；为秦皇岛的公益事业捐款捐物，身体力行志愿活动。在她的影响下，带动了身边一大批爱心人士加入志愿服务的浪潮中。

“我认为，企业的角色不仅仅是利润的创造者，还应该是社会的服务者。志愿者团队是企业不忘初心、服务社会的重要载体，作为组织中的一分子，我们君尚的每名员工都应有所担当，为他人和社会贡献一份力量，这也体现了作为一名君尚志愿者在社会中的价值。今后她将带领队伍陆续开展社会公益活动，帮助他人，服务社会，践行志愿精神，传播先进文化，为共建美好社会贡献力量。

命运会眷顾每一个努力的人。李新娟经历了岁月的洗礼和市场的考验，她也得到了社会的肯定：她被评为最美秦皇岛人——最美企业家、秦皇岛三八红旗手、道德模范、河北杰出创业创新女企业家，获最美民营企业家和甘肃省“改革开放四十周年民营经济公益人物”称号，获党义志愿者服务队特殊贡献奖等。

李新娟喜欢唱田震的歌，一首《风雨彩虹，铿锵玫瑰》也仿佛是她自己的写照。风也人生，雨也人生，李新娟始终守望梦想，坚守信念，用信誉立身，用人品做事，使自己的路子越走越宽，使企业的效益越来越好。

创百年老店　品百味人生

文 / 姚一铭

好吃不过饺子。在中外美食遍地开花的这个时代，皮薄大馅、饱满多汁的水饺仍然是能让许多人一想就流口水的美食，隔三岔五总要吃上一口，更别说逢年过节吃饺子的老传统了。在秦皇岛，提到吃饺子，人们必然会想到百味饺子馆，但百味饺子馆的创始人是谁却鲜有人知。

“百味饺子是我独创的，30 多年了，我就是要保证品质、口味不变。只有对我的客户负责，对我的品牌负责，对我的内心负责，才能做成百年老店。”百味餐饮集团的老板娘孟学红是个性格爽快、做事利落的人，从百味饺子、百味一族，再到尤知福、百味心饺，她用心缔造的特色美食打动着众多食客的味蕾，也一点点构建起她的美食王国。

披星戴月的辛勤换来安心美味

20 世纪 80 年代末，刚刚 20 岁的孟学红还是秦皇岛市耀华玻璃厂联办储蓄所的一名员工，年轻单纯的她对于做生意、开饭店丝毫没有概念，有一份稳定的工作已经让她感到很满足。没想到，循规蹈矩的工作和生活在遇到丈夫老尤的那一刻发生了变化。

“我们认识的时候，他正经营着老边饺子馆，当时已经在秦皇岛很有名气，效益也非常好。”回想着30年前的往事，孟学红慢慢打开了的记忆之门。相识之初，孟学红并没有想涉足餐饮界，自己的工作安稳又轻松，风吹不着雨淋不着，工作之余帮着丈夫打理一下餐馆的杂事，买买菜记记账，日子过得无比惬意。

那时候，家里的饺子馆红红火火远近闻名，祖传的包饺子技艺历经几代人挖掘、改良，秉承了中国传统饺子的制作方法，口味上不断翻新，现点现做，深受秦皇岛人喜爱。

随着家里生意越来越好，客人越来越多，一大摊子事儿实在忙不过来了，孟学红干脆辞了工作一门心思与丈夫经营起了“夫妻店”。几年积累下来的餐饮管理经验，也激发出蕴藏在孟学红内心深处的创业想法。

1995年，孟学红的第一家百味饺子城开业了，在当时秦皇岛最热闹的商场——天开大厦对面的临街门店，三个雅间七张台撑起了她的创业梦。“我们当时已经具有海鲜类、素馅类、菜肉类、水果类等上百种饺子，色香味形俱全，饺子宴与酱、熏、卤凉菜食品，形成了独有的特色，成为北方民间一绝。”孟学红说，之所以给饺子馆取名百味，一是因为自家的饺子品种多样，涵盖传承了中国饺子所有的传统制作工艺，另一方面也蕴含着历经人生百种滋味创立中国百年老店的美好愿景。

饺子城的火爆程度让孟学红至今难忘，口味纯正、鲜美多汁的大饺子成了许多港城人的美好回忆，很快，第二年便开了第二家店，百味饺子的名气越来越大。1998年，孟学红正式注册成立了秦皇岛市百味食品有限公司，1999年乘胜追击，高档海鲜自助餐厅“百味一族”也开业了。

“时间过得真快啊，现在说起来轻松，但是那时候真不容易。”为了保证食材的新鲜和品质，自打当上这个老板娘，孟学红一直坚持亲自采买食材。“餐饮行业，除了东西好吃以外，最根本的就是食品安全和卫生，如果食材品质不到位，怎么能做出最美味的食品呢？”每天凌晨 3 点她就要起床去蔬菜批发市场、海鲜批发市场采购，时常一个人开着面包车在星光陪伴下奔忙在秦皇岛的大街小巷，认真把控着食品的第一道关，再苦再累也值得。

但是有一次，孟学红还是委屈地哭了。

那是在经营“百味一族”海鲜自助餐厅的时候。一天，孟学红照常早早起床去北戴河拉海鲜，因为海鲜市场的老板告诉她，来了一批特别好的螃蟹，去得早就能抢到更多、更好的海鲜。当时她的两个儿子一个 4 岁多，一个才几个月，不巧的是，那天丈夫刚好去外地办事，家里没人照看两个孩子，把他们放在家里睡觉自己一去好几个小时又是断然不可能的。

没办法，孟学红只好带上俩孩子一起去了北戴河。

夜色中，两个孩子躺在面包车里熟睡，孟学红一路小心翼翼地开到了北戴河，装上 400 多斤螃蟹，一筐摞着一筐装满了一车，高高兴兴地往回走。此时天已蒙蒙亮，大儿子也睡醒了直喊饿，孟学红一边安抚着孩子，一边心急地开着车。没想到开到一个上坡路时，孟学红一个油门没跟上，车子一下子刹停在坡上，导致车厢内装满水的螃蟹筐失去平衡，水泼洒出来，流了一车厢，还打湿了发动机，车子熄火了。

这可怎么办！不知所措的孟学红一下子愣住了，受到惊吓的两个孩子哇哇大哭，此时的孟学红赶快抱着两个孩子安慰起来，30 岁出头的孟学红心里的委屈和艰辛一股脑地涌上心头，泪水忍不住夺眶而出。

哭也不是办法，冷静了一会儿，孟学红擦干眼泪赶快给海鲜市场的老板“二哥”打电话求助。“二哥”闻讯，赶快开车来救急，看着哭成一团的孟学红和俩孩子，“二哥”不住地安慰，帮着把几大筐螃蟹安顿好，总算赶在餐厅开门前把螃蟹顺利地拉回了店里。

经过几年的苦心经营，百味旗下的各家餐厅都呈现出了红红火火的景象，这红火便是食客们对百味最大的认可。

民以食为天，食以味为先，作为食品生产企业，孟学红一直信奉良心出品才是成功之道，无论是原材料采购、食品加工、每一道环节严格把控。孟学红说：“大家都知道传统的餐馆都是后厨免进，谢绝参观的，但是我们百味饺子的厨房随时随地恭候广大市民朋友进来参观、指导，真正做到让每一位消费者吃得舒心，吃得放心，赢得老百姓的信任是我们最大的心愿！”

说干就干的魄力带来丰厚回报

其实，年轻时的孟学红性格腼腆，不善言辞，依赖心理特别强，什么事她都要先跟丈夫商量商量，做什么都战战兢兢，担心出错，只有得到丈夫认可后心里才踏实，才敢去做一些决定。但一场突如其来的打击让她的性格发生了 180 度大转弯。

一天，孟学红正在跟朋友逛街，突然一阵急促的电话铃声响起：“红啊！你快来，你家老尤出事了！鼻子血流不止！”孟学红失魂落魄地赶到医院，一看到急诊室里的丈夫，吓得孟学红浑身瘫软，只见丈夫鼻子里塞了 5 条纱布，鲜血浸红了纱布，脸也肿胀得面目全非，精神萎靡说不出话……“天呐，我家的天塌了，这可怎么办？”

经过检查，丈夫鼻腔毛细血管破裂并且有脑出血的危险。“我家的饺子馅都是他亲手调的，只有他才能保证独有的口味，他就是我家的顶梁柱啊！”孟学红一下子感到了巨大的压力，一方面要照顾好丈夫，另一方面她也意识到，自己必须成长、成熟起来，要挑起这个家的大梁。

丈夫住院的半个多月里，孟学红奔忙在医院和餐厅之间，除了照顾丈夫，餐厅的一切事务都落在了她的身上。从那时起，她开始如饥似渴地学习，去北京、济南，学习餐饮管理、法律法规、营销策略、菜品设计等，也是从那时起，孟学红变成了说干就干的女强人。

有了更加专业、先进的经营方法，百味饺子在秦皇岛也得到了突飞猛进的发展，孟学红决定走出秦皇岛去外地开疆拓土。几年间，不仅北京天津等北方城市有了百味的身影，2000 年，她和丈夫还南下广东，把风靡北方的百味饺子馆开到了深圳，同样大获全胜，宾客盈门。

恰是在深圳开店的两三年时间里，孟学红发现了一个新的商机——粤式早晚茶餐厅。

“那时候秦皇岛的粤式餐厅非常少，只有一家早晚茶餐厅，非常受欢迎，那么我们为什么不能做一家正宗的粤式餐厅呢？”虽然粤式餐厅与饺子馆，一个南一个北，相差甚远，但经过多年打拼，开办餐饮对孟学红来说已经游刃有余、信手拈来。

为了做出正宗可口的粤菜，孟学红想尽办法在深圳挖掘粤菜厨师，经朋友介绍，她认识了深圳当地颇有名气的粤菜厨师团队。但那时候北方的工资并不高，怎么才能把粤菜厨师请到秦皇岛呢？

“我们那个城市目前还没有一家正宗的粤式茶餐厅，这是个市场空白，我敢保证，肯定能挣大钱！”孟学红想用高工资吸引厨师们来秦皇岛，她之所以敢夸下海口，正是源于她对餐饮市场的精准判断。

2006 年，尤知福酒楼正式开业了，果然如孟学红所料，酒楼日日爆满，翻台率极高。全开放的档口模式让秦皇岛人眼前一亮，正宗的味道吸引着食客，干净卫生的就餐环境与其菜品和粥品绿色、健康、美味、养生的特点更是吸引众多家长带着孩子频频光顾，酒楼打出的“做大都市人的主题厨房”口号一度令秦皇岛人把尤

知福当作了自家餐厅。开业仅 4 个多月，尤知福便收回了投资成本，孟学红果然没有让自己和丈夫失望，也兑现了当初向粤菜厨师夸下的海口。

“追求极致的美味和健康体验，这是百味未来的发展方向。”随后，尤知福粤式早晚茶连开三家分店，孟学红的集团化构想正在逐步变成现实。

推崇“家文化”，让企业有温度

今年 53 岁的孟学红依然雷厉风行、干练豪爽，百味的员工们都喜欢叫她“红姐”，有亲近也有敬重，员工们都说，红姐有着生意人的精明，却少有生意场上的圆滑和市侩。商人重利，自古如此，很多生意人交友利为先，她却不同，她的许多顾客或是合作者都成了她的挚友。

41 岁的唐福强对此深有感触。

“2011 年我从部队转业后，来到秦皇岛自主创业，开了个小广告公司，专门给各酒店、饭店设计制作菜谱，我就是这样与红姐结缘的。”创业之初，唐福强对秦皇岛这个城市是陌生的，他带着样册，骑着自行车跑遍了秦皇岛大大小小的饭店推广业务，自从结识了孟学红，广告公司的业务也跟着增加了。“红姐是个热心人，她帮我推荐了许多酒店照顾我的生意，把这些业务都交给我来做，在红姐的帮助下，我的公司很快打开了局面，业务做得风生水起。”那时候，唐福强下定决心，就冲着这份信任，也要把每单业务都做到尽善尽美，让客户满意。

日子久了，他做事认真、做人踏实的态度孟学红看在眼里，记在心上。

市场瞬息万变，总不尽如人意。广告公司开了没几年，随着餐饮市场和广告市场的变化，唐福强的菜谱业务面临了严峻危机，做不下去了。无奈之下，他只好关了公司另起炉灶。几年时间里，他办过民宿、做过投资、打过短工，但都因种种原因难以维系下去，眼看着年过不惑，唐福强感到了前所未有的茫然。

“小唐，我最近在谋划一个新的项目，干脆你来我这帮忙吧！”看出了唐福强的窘迫和困境，2020 年的一天，孟学红找到唐福强，提议让他加入百味，负责筹备启动百味物流（秦皇岛）有限公司的一切事务并担任法人。

“我？我能行吗？”

“认识这么多年了，我了解你的为人和能力，这摊儿事非你莫属。姐看好你！”

孟学红的邀请让唐福强又惊又喜，自己正在为前途发愁，没想到多年前的老客户竟伸出援手。

2020 年 10 月，唐福强正式加入了百味，精心筹备物流公司的启动，他的心里有了找到大本营一样的安全感和稳定感。

2021 年，百味物流（秦皇岛）有限公司注册成立了，主要开展供应链管理服务、餐饮技术开发、冷链运输、物流配送、速冻饺子产品的全国代理等。在经历了坎坷多艰的 10 年创业后，唐福强在百味集团找到了自己的位置。“红姐就好像给了我新生一般，我现在对这份工作充满热情和信心，就等着大展拳脚了。”言语间，唐福强流露着对孟学红知遇之恩的感激和对未来事业发展的期待。

“先有感情，再做事业”是孟学红坚持的原则。在百味，不乏下岗职工、家庭困难者、残疾人士等群体，为他们提供岗位，带领扶持他们创业，让员工们有尊严地生活和工作是孟学红的心愿。在员工眼里，孟学红就像大家长，更是大家学习的榜样，而百味就像家一样，是员工们愿意共同努力让它变得更好的地方，这一点在百味集团便能深有体会。

走进酒店，你可能看不到富丽堂皇的大厅，也没有盛气凌人的大堂经理，却能感受到一种轻松融洽的氛围，让人可以卸下一切伪装，坦然相对。

“百味建店选址时，最初我其实就是为了给我们的员工找个舒服的地方住，就毅然地把整栋楼都租下来了，后来经朋友提醒我才想到，这么多房间，为啥不开办个旅馆呢？”孟学红很少计较得失，从不在员工身上算计经营成本，她总觉得，这些年轻人来百味打工，他们中很多人都是这个城市的漂泊者，甚至面临着生存问题，无依无靠，她想让漂泊的他们找到“家”的感觉，吃、住和工作都能像在家里一样自在。

每逢节日、员工的生日，孟学红都要组织全员的欢庆活动。平日的员工工作餐，早已完成了从吃饱到吃好的转变，营养配餐，包含最新鲜的时令蔬果。下班后，员工还可以免费到百味旗下的洗浴中心痛痛快快洗个澡，消除一天的疲惫。

百味推崇这样的“家文化”，店里的年轻服务员工作闲暇之余都要学习“企业文化二十条”，规矩记在心里，家的温情渗透在每一个员工带有归属感的笑容里，那笑容充满了爱的能量，传递到客人那里，便有了宾至如归的舒适氛围。

从餐馆老板逐渐向企业家转变

心之所向，素履以往。30 多年来，孟学红遵循着自己的内心，做良心餐饮。

如果说当初和丈夫苦心经营“夫妻店”是为了养家糊口，那么随着百味公司的发展壮大，孟学红越来越多地感受到，自己不再只是一家饺子馆的“老板娘”，而应该承担起更多的社会责任。

自 2013 年重阳节，百味公司每年都要举办“百位老人包百味饺子”公益活动，公司每年拿出数万元用于活动的奖品，老人们吃着自己包的饺子，谈天说地，异常开心。

“我们作为儿女每天忙忙碌碌，一直忽视对老人的关爱，老人没有业余生活，有时候很容易上当受骗。”孟学红说，百善孝为先，尊老爱老是中华民族的传统美德，她希望通过举办这样的活动，丰富老年人的晚年生活，也给老人们一个展示自己、结交朋友的平台，让他们能乐享晚年幸福生活，也引起全社会以及下一代年轻人对老人的关爱。

如今，孟学红把已是耄耋之年的老母亲接到身边照顾，老人鹤发童颜，精神矍铄，员工们与老人相处如同亲人，其乐融融，竟让百味更加有了家的味道。她不仅悉心照料着自己的老母亲，每年还要去海港区建兴里居委会看望那里的孤寡老人，给他们送去米面粮油。

这些年来，孟学红一直支持街道的扶贫济困工作，积极组织开展爱心捐赠活动，加大对特困人群的关爱和帮困力度，并为汶川地震、贫困山区儿童、失学儿童、福利院的老人孩子等捐款捐物，近几年为社会公益事业已捐助近百万元。

百味还一直致力于帮扶女性弱势群体创就业服务，为她们打造创业平台，开办培训学校，倡导女性朋友要掌握一门技术，提高自身的社会地位。“授人以鱼不如授人以渔”，孟学红亲自教下岗职工包饺子技能，有的人现在已经能自己开店经营，不仅解决了生计问题，更重要的是有了一份可以持续奋斗乐于经营的事业。

紧跟市场变幻，果断转型再出发

进入不惑之年后，孟学红的财富创意灵感源源不断，过人的财商令她的事业风生水起。

“这几年由于传统餐饮店受冲击巨大，我们及时转换思想，作为一家有着 30 多年历史的老字号、老品牌，我们利用自身优势，研发了更适合大都市人生活节奏的中式快餐连锁店，刚一投入市场就大获好评。”2018 年，孟学红带领团队及时推出百味旗下的又一品牌力作——百味心饺，开展全国加盟连锁业务，以及主打速冻饺子系列产品，同时，也为弱势群体打造了一个就业、创业平台，亲手为他们培训包饺子技能、开店指导培训、选址等一系列全方位的服务，手把手帮扶、全程跟踪，真正做到“一盘饺子温暖一座城”。

孟学红这样解读她的“百味心饺”：百——既形容种类繁多调和百种，也代表十全十美；味——既是百饺百味，也是酸甜苦辣咸的人生五味；心——是创始人的初心与使命，格局与大爱的公益情怀。百味心饺品牌成为商务部网站商业特许经营备案企业，如今，加盟百味心饺的创业者络绎不绝，饺子快餐店遍地开花。

近几年，孟学红一直在思考企业未来的发展路径，从堂食向零售、外卖、送货到家等模式转变，扩大覆盖面。特别是 2020 年，突如其来的一场疫情让餐饮行业深受打击，许多餐馆在这场冲击中无法承受而倒闭，百味也面临着前所未有的考验，连续数月的亏损让百味在飓风中艰难前行。而孟学红也从中意识到食品安全、顾客安全、员工安全的至关重要。

疫情得到控制后，餐饮业虽然逐渐恢复了经营，客流量却已大不如前，百味的收入自然也下降得厉害，而此时，孟学红却做作了一个大胆的决定，毅然投资 50 万元对后厨进行整体改造。

“我相信我们现在所做的一切都会为未来的发展打下一个更加坚实的基础。”百味历时整整两个月时间，成功导入四 D 食品安全现场管理体系，并成功验收合格，百味饺子成为秦皇岛市首家四 D 安全厨房，在经济形势严峻的情况下，百味依然能够逆势前行，狠抓食品安全，做放心厨房，为传承百年老店打下了根基。

2019 年，秦皇岛百城餐饮有限公司成立；2020 年，北京百味鲜饺餐饮管理有限公司落地北京，百味饺子全国连锁加盟模式正式开启；2021 年，百味（物流）秦皇岛公司成立。至此，百味真正成为一家融合餐饮、住宿、餐饮品牌加盟、会议接待为一体的集团化公司，为打造“百年百味”夯实了基础。

百味凭借科学完善的餐饮管理经验，坚守着纯绿色无污染、营养美味健康的饮食观念，为大众提供着放心美食，也成为秦皇岛地标性餐饮品牌和秦皇岛市“老百姓喜爱的品牌”。2005 年，百味被中国烹饪协会评为“中华餐饮名店”；2006 年，冀菜饮食文化展推出“百味饺子宴”获“河北名宴奖”；2010 年，百味、尤知福、民间百味一族商标在国家商标总局注册登记，2016 年被河北省烹饪协会授予优秀连锁快餐品牌；2017 年，百味饺子制作技艺荣获秦皇岛市非物质文化遗产保护项目；2021 年，百味先后被评为国家四钻级酒家、国家四叶级绿色餐饮企业……全国绿色餐饮企业、知名商标企业、中华餐饮名店、诚信示范企业等多项荣誉实至名归。

“传统手工饺子的制作技艺是现代技术无法代替的，更是承载着我们中国人的饮食文化之美，我要把老祖宗传下来的这份手艺发扬光大，让这份特有的味道一代一代流传下去。”孟学红对未来已经有了新的规划，她最终还是回归初心——专心“包饺子”，全力打造这一抹齿颊留香、传承百年的美食美味。

“若能摘下满天星，我选择最明亮的”

文 / 储学敏

狂想是什么？

狂想是思想升华的摇篮，

狂想是胆识萌动的温床，

狂想是智谋驰骋的疆场，

狂想是建功立业的前奏，

狂想总是罩着可望而不可即的光环，让一般人望而却步，只有少数人会为之激起无穷的斗志而勇往直前。

——高丽君

20年前，高丽君已经是秦皇岛一家大企业的班子成员，以当时的成就来说，算得上风光无限，有着不错的收入，家庭生活幸福美满。然而，作为一名狂想主义者，她没有就此满足，不愿意被每天按部就班的工作、生活所束缚。

正是因为狂想，高丽君用20年让自己成长为拥有200多亩苗木种植基地、带动一批劳动力就业的秦皇岛市满天星绿化有限公司董事长。

作为“狂想者”，开启艰难创业之路

初见高丽君，亲和是她给人的第一印象。深入交流之后，她敏锐的洞察力、果敢的决断力和高效的执行力更加打动人心。铿锵玫瑰、不让须眉，在秦皇岛市满天星绿化有限公司董事长高丽君的身上，体现得淋漓尽致。

2001 年，高丽君当时所在的秦皇岛市第二建筑工程公司根据实际需要实施企业改革。大部分工人买断下岗，留下来的工人则面临着半年开不出来工资的窘境。虽然这些对高丽君的个人生活并未造成太大影响，但强烈的责任感让她寝食难安，工人要吃饭，下岗人员要安置，必须“杀出一条血路”。

说是为了让那些曾经跟她一起努力拼搏过的工人生活得更好也好，说是不满足于生活的现状也好，说是对梦想和成功有着更高的渴望也好，高丽君“爆发”了，她带领一部分二建下岗职工义无反顾地踏上了艰辛的创业之路。

2002 年，高丽君借了 2 万元，给企业执照评估验资，注册成立了秦皇岛市满天星绿化有限公司。

为什么会选择“绿化”这一行业？高丽君说：“其实并不太了解。”

那个时候，房地产开发正如火如荼。在建筑领域摸爬滚打多年的高丽君认为，小区绿化作为地产开发的一项大工程，具有一定潜力。

凡事只要想在先，不错过机会，希望就在眼前。高丽君看到海港区北港镇晒甲会村建了 300 个大棚，一个大棚占地一亩，但大部分大棚却闲置着。高丽君一口气租了 24 个棚和 40 亩裸地。

自小生活在城市，连韭菜和青草都分不清的高丽君，没有广泛调研，未经过深思熟虑，也算不上审时度势，更不具备行业内的“资源”“人脉”，但就是因为“狂想”二字，她说干就干了。当然，这种没有“万事俱备”的做法，也导致了她后来被卖苗的商家欺骗，以及即便有机会接下了大项目，却一下子不知所措等一系列让人哭笑不得的事。

公司成立初期，高丽君可谓倾注了大量的心血，不辞辛苦地为公司前后奔波。

租地、建大棚、给工人开工资、还利息，公司运营前期需要大量的资金投入。那么，钱从何来？在家人的支持下，高丽君抵押了自家仅有的一套住房，贷出 18 万元，就这样开始了艰难的创业历程。

高丽君回忆说：“最初租下大棚，本意是想搞最放心、最安全、最新鲜的无公害蔬菜配送，但是不知道该从哪里进货，只是偶尔赶大集时看到集市上有卖的，就买回来一些栽上，24 个大棚也不能就那么空着啊。”

由于常常需要往返于城市与农村之间，高丽君也慢慢学着习惯农村的生活，吃起了咸菜，这也导致她一连半月拉肚子……看着日渐消瘦的她，父母老公都心疼了：“要不就别干了。”

停下不干？这可不符合高丽君的性格，一旦创业开始，她就不会轻易向困难低头。都知道创业是艰辛的，可高丽君创业的第一年尤为艰辛。

那时候，住房抵押贷来的钱几个月就花光了，很多苗圃的工人都是跟着高丽君从二建公司一起过来的，工人的工资没着落，眼看着大家伙儿就要过上“有上顿没下顿”的日子了，尤为迫切的是，银行的利息也要还……犯愁的高丽君上了大火，发了高烧。

她深一脚浅一脚地到诊所去看病，刚跟医生说完自己浑身无力像是发烧了后，整个人就从椅子上滑倒到地上，再后来就什么都不知道了。醒来后，医生告诉她，已经烧到了 40 多度。

更难以置信的是，原本出入都是车接车送的企业女高管，为了省下一个月 120 元的养护费钱，高丽君竟然也开始过上了有车不坐的日子。“一开始为了省钱，就不开车，尝试着出入打车，但那时候打一次车也得 9 元钱，为了省出钱来给工人开工资，干脆连车也不打了，我就坐公交车。”高丽君苦笑着说起了那段为了“节流”而过“紧日子”的故事。

然而，那时候公交车还没有直达的，需要换乘。有一次，正在等公交车的高丽君遇到了原企业的下属同事，见到高丽君在“转公交”，惊讶之余更多的是心疼，瞬间落下眼泪，拉着高丽君的手就哭了起来，还执意叫自己的爱人开车过来送她……

看着自己刚刚起步的事业，想着跟自己打拼的那些人，倔强的高丽君在风雨兼程的创业中，病倒了，起来，再倒下，再起来！

当好“创业者”，闯出一条发展之路

创业初期的高丽君并未与原二建公司完全脱节，她临危受命，出任原公司事务管理中心主任一职，负责公司的收尾工作。

“原二建公司下面有 20 多个分公司，外面的欠款达几千万，有我们欠别人的，也有别人欠我们的，死账赖账多。”于是，高丽君就时常带着一拨人四处去要账，自己的满天星绿化公司也几乎成为业余的了。

为了要账，火车、汽车、三轮车她都坐过；冷言冷语冷板凳她听过、坐过；办公室、候车厅、小旅店她都睡过……大家心中值得信赖的“高大姐”不负众望，别人办不成的事儿，她总能办成。“国贸饭店是原二建公司的财产，那会儿有个手续需要办，前前后后有 200 多人去过审批中心都没有办下来，我 40 天就把所有手续都办下来了。”

每逢春节临近，高丽君总能收回一部分账款，给大家开工资，让大家过个欢喜年。

10 余年的漫漫讨债长路，不仅没有让高丽君退缩，反而丰富了她与各式各样人打交道的经验。截至 2016 年，高丽君正式从原公司退休时，她共为公司追回了几千万元的债款。

高丽君为原公司追讨债款的事儿不胫而走，在圈内也传为一段美谈，这也让不少人对她刮目相看，“知恩图报”“仗义”“重情义”，人们在称赞之余，对这个“高大姐”更多了几分敬意和信任。当然，这也为她自己事业的成功积累了不少人脉和福荫。

原公司职工们的工资陆续发放了，高丽君一直悬着的心却只能放下来一半。

10 多年来，虽然高丽君不能全身心投入满天星绿化公司事业，但不能真的让它成为“业余”啊，毕竟这一头也有那么多人要养家糊口呢，而且日子终究不能靠省钱来维持，公司要运营下去，需要有收入。

苗子栽上了，养起来了，还需要销路，绿化公司的第一笔收入来自高丽君朋友的仗义出手。

“有个朋友是做房地产的，他那里需要做绿化，就找到了我，知道我资金紧缺，还提前把钱给我打过来了。”高丽君说，这也只能算是解燃眉之急，真正让公司打响名号的还是公司成立后第二年的一次机遇。

2003 年，海港区正在大力搞生态村建设，几十个村急需大量绿篱、小灌木等苗木配送——40 天内完成 200 万元的苗木配送。

懂行的、有经验的苗木企业、从业者，都知道在那个年代背景下，完成这个任务有多艰巨，包括秦皇岛知名的、有影响力的四五家公司都不敢贸然接下这个工程。但对于高丽君来说，这是挑战，更是机遇。

初生牛犊不怕虎。也正是由于没弄清楚这个任务究竟有多难，高丽君毫无顾忌地接下了这个工程。然而真的干上了，高丽君才意识到为什么别人都不敢碰这块“大肥肉”。

“且不说需要 100 多万垫资，当时还是错季送苗。”高丽君解释说，那会儿已经是 5 月份了，而 3 月份才是大量出苗的正季。

时间紧、任务急，高丽君却连去哪儿购进如此大批量的苗木都不知道，“那个年代通信不像现在这么发达，现在只要网上一搜、电话一打或者朋友圈一发，很多问题便迎刃而解，但那个年代有个传呼机都是件很了不起的事了，更别说用移动电话联系了。”

既然接了这个项目，高丽君就下决心务必干好。在朋友的帮助下，派人、选苗、装车、拉回来……在有限的时间里，高丽君保质保量地达到了配送要求，也帮助海港区在省里获得了荣誉。

高丽君把这一次称作对公司有着力挽狂澜作用的一次机遇，在这个项目中，她挣了几十万，用她的话说：“公司终于有了发展的后劲儿。”

不过，说起因不懂行惹出来的事儿还不止这一个，高丽君想起了她创业初期“被骗”的一次惊险经历……

当时，高丽君在翻阅杂志时，无意中看到了一则广告，电话拨过去简单联系后，就和爱人出发去了山东菏泽，准备采购一批栾树。

“我只是听说有南栾和北栾，但究竟这两种树都长什么样，我一概不知，还傻了吧唧地问卖苗子的人，问人家这是不是我需要的北栾，人家告诉我‘是’。”双方“顺畅”沟通后，200 棵“北栾”很快就起出来了。

那一片区域都是做苗木生意的，为了增长见识，当天晚上，高丽君和爱人一起在附近溜达转转，这一转、一问、一看，高丽君才知道，原来自己白天刚订的 200 棵“北栾”，实则为南栾，而南栾在秦皇岛这个典型的北方气候下是无法成活的。

高丽君立刻回去找到商家，但商家并不认账，“不给人家钱，人家就不让我们走。”协商之下，最后换成了 1000 棵牡丹，“我毕竟还有 24 个大棚，种植牡丹我还可以。”

对于不讲诚信的商家，高丽君并没有过多评价。她在经营自己的企业时，始终坚信——诚信赢天下，失信寸步难。

“一年生的草花牵牛花正常卖出去的时候应该是 30 厘米高，如果卖不出去就意味着

要疯长，到后期就要长到 60 厘米高，说白了，就是花已经快要凋谢了。”有一次，高丽君一个没注意，员工就把这样的花都装了车，准备配送。高丽君看到后，当即让工人把花都卸下了车，重新装了一车茁壮的花。

20 年来，青岛、菏泽、宿迁、常州、徐州……高丽君跑遍全国各地，遍访业内同行，并与一批客商建立了稳固的伙伴关系，其中还不乏从上一代延续到下一代的合伙人。

也正是凭着“闯”的精神气魄，坚守诚信初心的举动，高丽君带着企业“杀”出一条荡气回肠的发展之路，越过千山万水，战胜惊涛骇浪。

争当“领头雁”，引领飞得更高更远

2004 年，海港区北部区域开始发展建设工业园区，村里不再对外出租土地，高丽君便把所有苗木迁到了北戴河。借此机会，她重新规划企业发展定位，扩大苗圃基地规模，由原来的 70 多亩，扩大到现在的 200 亩。

企业发展至今，高丽君带着满天星绿化公司先后参与了秦皇岛不少项目，比如：河北大街中段、民族路、西港路、外环路等城市街道绿化，参与支持市旅发大会……慢慢地，企业有了业绩，有了名气，正逐渐发展壮大。

“若能摘下满天星，我选择最明亮的。”高丽君时常这样说。她不是一个甘于跟着别人走的人，而是要做“领头雁”，带领别人飞。想做“领头雁”，既要有过硬的能力，也需要得到别人的认可。

多年来，对于苗圃基地凡事都亲力亲为的高丽君，已经从一个懵懂无知的行业“小白”，成长为善于钻研、敢于创新的秦皇岛业界领军人物。在全市行业座谈会上，她总能对行业发展思路、经营理念、市场拓展等问题提出很好的思路和见解。

高丽君的苗木基地被认定是河北省新品种研发基地，而企业家的创新精神督促着她跟研发人员一道不断研究新品种，也带着她跳出了按部就班、循序渐进的发展轨迹。

“比如庭院绿植、屋顶绿化等，需要的不再是常规品种，换句话说，传统常规品种已经不适应现在的市场需求，我们也不能守旧，要转型升级发展。”别看高丽君年近花甲，但她的思想一点也不保守，始终在研究如何让自己的企业与时俱进，在苗木的发展认识、品种的培育开发等方面，她都有着自己的想法。

苗木生产作为朝阳产业，市场前景极为广阔。高丽君认定，在现如今激烈的市场竞争中，必须依靠科学种植、准确预测市场走势，才能立于不败之地。

在满天星绿化公司新的苗圃基地，种植苗木品种已经和原来大不相同，而是按着高丽君描绘的蓝图一步步实现。

“鼓捣老苗圃的时候，完全没有意识，赶上什么就栽什么，但如果还是采取粗放型种植普通树种的模式，市场给你的机会只会越来越少。新苗圃里，我是有计划安排的，70 亩地种了稀有树种，”高丽君会心一笑说，“枫树。”

对于公司的未来规划，高丽君有自己的一套思路：除了 70 亩稀有树种，大棚里还种了蓝莓、软枣猕猴桃、无花果，开发采摘游等。高丽君把这种“通过倒短期的植物作为辅助，长期培养稀有树种”的发展思路和过程，称作“攒价值”。

短期植物经营作为支撑公司发展的重要板块，高丽君也下足了功夫。在“短期”方面，考虑到很多草花类植物如若不能及时卖出，一年的辛苦就都白搭了，她准备开发深加工，延长产业链。

“结合秦皇岛健康产业、旅游产业的特色，我把观赏性、功能性苗木作为发展重点，并在树底下做了一个试验。”高丽君总是敢为人先，“研究探讨金丝皇菊、胎菊、北京小菊、乒乓球菊这些大多在南方种植的花卉，哪一种可以在北方扎根发展，将来可以策划观光游，还可以做茶叶、做茶枕，菊花养肝明目，具有药理作用，很有市场。”

花若盛开，蝴蝶自来。高丽君热情、认真、敢闯敢干、乐于付出的性格成就了她今天的成功。看着那些当年栽下的小树苗在风雨中越长越大，越长越高，高丽君成功了，她用在这个领域的专注，让当初的“狂想”逐一变成了现实。

做好“企业家”，积极履行社会责任

有情怀，有担当，大家口中的“高大姐”在自己成功的同时，没有停留在眼前的商业利益，她主动参与到脱贫攻坚、创城创卫、抗击疫情等全市中心工作中，始终善待身边人，帮扶“五保”户、孤寡老人，照顾困难家庭等。

“这是企业家应尽的责任。”高丽君如是说。

提到社会责任，高丽君认为，很多人的第一反应往往是企业对社会公益事业的投入，其实，把企业做好，才是企业家最大的社会责任。

她组织农户加入苗木种植行业，带动大批劳动力就业，带领周边农户共同致富。“陆地种植受气候影响大，一般 4 月份开始苗木繁育、栽植，早的在 8、9 月就开始成形，最晚的 10 月中旬也成形了。我这个行业，季节性用工大，一年下来，需要的劳动力不止几千人。”多年来，高丽君已经为千余人提供了近于稳定的就业机会。

在扶危济困方面，高丽君把敬老、助学等公益事业视为自己的终身事业，始终不忘回馈社会，坚持奉献爱心。

26 年前，高丽君偶然得知青龙核桃沟有这样一户困难家庭：一家四口，哥哥 9 岁，妹妹 6 岁，母亲车祸去世，父亲面对年幼的儿女，承受着失去亲人的伤痛，想到家里因治病欠下的债务，顿时失去了生活的信心和勇气。

时隔多年，高丽君回忆起当时她走进这个家庭看到的那一幕，仍然心痛不已，“窗户是用纸糊的，锅里的米汤基本看不到米粒，原本一家四口人，炕上却只有两床被褥，还是又脏又破。”看到这些，高丽君的责任感油然而生，她当即下定决心，要照顾好这两个孩子。

高丽君主动承担起了这对兄妹的学费、生活费，关心关爱他们的生活起居。让高丽君感到欣慰的是，如今兄妹二人都已经大学毕业，并拥有了自己的幸福生活。

2020 年，新冠肺炎疫情突袭而至，企业停工，市民居家自我隔离，城市像被按下了“暂停键”。然而，此时的高丽君却比往常更加忙碌。

疫情发生初期，由于对新型冠状病毒的未知，外出的话，感染风险骤然增加。对于高丽君来说，她本身患有严重的糖尿病，自身免疫力低，感染风险更加一成。出于对高丽君的安全考虑，她的家人想尽办法阻止她出门，甚至把她的鞋子偷偷藏起来。即便如此，依然阻挡不住她奔赴一线抗疫的步伐。

高丽君说：“虽然危险，但如果所有人都不出来，那谁来做疫情防控？我就找个塑料袋套在脚上，然后到下房找了双鞋，穿上就出门了。”

高丽君积极组织身边的爱心人士捐款，张罗着采购医用口罩、方便面等，亲自把这些重要的防疫物资送至一线，慰问坚守奋战在一线的工作人员、志愿者们。

多年来的商海遨游，高丽君先后卖过工艺品，倒腾过瓷砖，干过加油站，成立过女子建筑公司，创办了婚庆公司，建立了文化公司。现如今已经 59 岁的她，还活跃在多个领域和舞台，依然每天精力充沛……她笃定地说：“我享受想法实现那一刻的喜悦。”

高丽君从一名普通工人，到如今的成功，不是偶然得来的，是一步一个脚印扎实走出来的。喜爱文学的高丽君如是说：“成功就像满天星辰，看似璀璨迷人，却要穷尽一生探索。”

仰望星空，怀揣梦想，20 年的风雨洗礼锻造了一颗勇敢追求梦想的心。这就是高丽君，一个永不言败的女强人。

奔跑，在希望的土地上

文 / 孙文志

人生如逆旅。奔跑，是一种选择。

十年前，看着眼前一片杂乱无章的荒地，程淑艳心里却只有一个念头：这，是片希望的土地！

如今，这片荒地已经变身现代物流园区。当年的希望，慢慢成为现实。

投身物流业，人生一次重要“转型”

你印象中的物流业是什么样？人声嘈杂，车辆穿梭，一群糙老爷们儿甩着膀子吆喝……

你印象中的女强人是什么样？衣着光鲜，气势逼人，走起路来风风火火……

面对程淑艳时，这些印象都得颠覆。

一杯清茶，几样自种的蔬果，话匣子慢声细语地打开了。如果没人介绍，你恐怕不会想到，这个面带笑容看似柔弱的大姐，会是一家千人企业的董事长、秦皇岛大型物流企业中唯一一位女性掌舵者。

一个闯进男人地盘的女人，如何把冀盛物流打造成众人口中秦皇岛物流企业“最成熟”的一个？

“当一个企业的发展和城市的脉搏一起律动，就一定会发展好。”开口第一句话，似乎就解开了谜题。

程淑艳和爱人老郭都是土生土长的秦皇岛人，他们原本都有着体面的工作，日子很安稳。1995 年，看准在秦皇岛创业的前景，老郭辞职下海，创办了“冀盛糖酒公司”，程淑艳利用业余时间帮忙打理。

说是公司，其实更像一个小超市。几节柜台里摆上货，雇上六七个人忙活。

“诚信”，夫妻俩的经营秘诀唯此二字。

“企业做得好不好，关键得看人做得好不好。我们主要经营的是一级白砂糖，出现问题从不让顾客承担损失，都算我们的。”时间长了，顾客们都说：“从他家买东西，没问题！”

靠着一股子实诚劲儿，公司的生意越来越红火。到了 2010 年，又一次机遇摆在面前。

“临港物流园区成立了，我们觉得这是个机遇。”其实在当时，程淑艳面临着两种选择，手头有点钱了，是买几间门市房，安安稳稳当个“收租婆”，还是买地创业？

“物流业和人们的生产生活息息相关，是基础性、战略性产业，也是秦皇岛四大产业定位之一。秦皇岛的地理位置优越，临港产业园毗邻秦皇岛港和京哈高速，发展前景广阔。”思前想后，程淑艳和爱人决定放弃当“收租婆”的安稳日子，投身到陌生的物流行业。

“现在有时我还想，当时要是买了门市房，安安稳稳收房租，何必这么累。不过看到现在能带动这么多人就业，让他们安居乐业，就觉得当初的选择没错。”程淑艳并不后悔。

夫妻俩买的地位于东港北路路边。果树、菜地、狗棚、花圃，还有一片两米多深的大坑，杂乱无章。但当时站在这里，“阳光型人格”的程淑艳心中只有一个想法：这，是一片希望的土地！

2010 年，冀盛物流有限公司注册成立。

“那时候，我们在物流行业仍然是个门外汉，”程淑艳甩下一句话，“困难面前有我们，我们面前没困难。”

企业成立需要办各种手续，公司派 5 个人“常驻”政府办事大厅，程淑艳也跟上班一样天天跑。从立项到拿到土地证，一般没两年办不下来，他们 13 个月就拿下了。当时大家都夸，说这叫“老程速度”。

机遇总是垂青更努力的人。公司成立不久，程淑艳偶然捕捉到了一个信息：邮政速递要找地方建分拨仓。她拍了拍胸脯说：“交给我们，你说怎么建，就怎么建。”

当年 9 月打下第一根桩，仅仅 3 个月后，分拨仓交付使用。“入门仗”漂亮地打赢了，程淑艳和爱人的人生也实现了一次重要的“转型”。

做好“管家婆”，打造“真正”物流企业

库房规整，道路平坦，来往车辆次第通行……冀盛物流的库区，没有传统物流配货的喧闹杂乱，让人感觉到的是干净、安静、井然有序。

“在我心里，这才是真正的物流企业。”程淑艳微微点点头，“初入行时，秦皇岛的物流企业普遍小、散、乱，那时我们就下定决心，不做快餐企业，要做就做百年企业。”

程淑艳和爱人没有食言。依然靠着“诚信”这两个字，冀盛物流从建设到服务，一切对标一流，用高标准的设施和服务迎接客户。

库区里安保人员 24 小时不间断巡逻，半小时定位打卡；食堂里选用有机蔬菜、土猪肉和品牌油，公司为此一年补贴 50 万元……这样一个个小细节，体现的正是服务的水准和诚意。

“人家来我这儿，我就是‘管家婆’，吃喝拉撒睡都得管好了。”程淑艳透露，公司业务始终“供不应求”，库房“盖一个满一个”，秘诀就

在于高水平的服务。始终坚持“以人为本，服务为先；信誉为重，永无止境”的企业宗旨，专注服务理念，致力于打造具有冀盛特色的物流经营模式。

现在，冀盛物流已经成为一家集第三方仓储物流、大宗商品贸易、金融服务、互联网信息服务于一体的综合型供应链服务企业，吸引邮政速递EMS、京东商城、顺丰速运等多家国内外知名企业入驻，成为华北地区重要的货运枢纽场站。

“这一步步走来历经艰辛，当你努力战胜所有困难的时候，就会感到欣喜、快乐。”的确，仅仅10年时间，一个门外汉的神奇生长，怎么会一帆风顺？

“成功和不成功，就差在执着二字。”这两个字，是经验，是秘诀，也是程淑艳个性的写照：有执着的毅力，有高瞻远瞩的思考决断能力，才能屡屡以柔克刚。

2016年12月，冀盛物流获批成为郑州商品交易所白糖交割库，并着手规划建设食糖交易流转市场。这对于推进秦皇岛打造全国物资流通“中转站”、提高港口货运吞吐能力、带动本地相关产业发展、形成区域大宗商品交易中心具有重要意义。

这一具有“历史意义”的事件背后，是程淑艳一次次夜不能寐的思考和执着的奔跑。

“食糖交割库很多人嫌不赚钱，不爱做。”但程淑艳不这样想，在她眼中，全国只有30个食糖交割库，这是荣誉，也是责任，更重要的是能给冀盛物流和秦皇岛带来提档升级的发展机遇。

民营企业申请交割库有很多苛刻的条件。为了得到政府的支持，程淑艳面对市领导，鞭辟入里地汇报了一个多小时。

时任市长张瑞书听了以后，当即拍板：“这是件好事，咱们得帮她。”

之后，时任副市长冯志永亲自带着程淑艳东奔西走，一跑就是三年，直到心愿成真。

2018 年 8 月，二期工程投入运营，冀盛物流成为冀东辽西地区最大的白糖贸易市场。

现在，冀盛物流已经成长为一家专注于食糖等大宗商品领域、以仓储物流园区和供应链商贸物流为主导的多元化现代物流企业，一家以现代化企业管理制度建立起来的综合型 4A 级物流企业。公司主要经营业务涵盖物流园区运营、现代仓储物流、食糖及木薯淀粉等大宗商品贸易，是郑州商品交易所核定的白糖交割库、中粮集团及华商储备管理中心核定的国家食糖储备库、河北省粮食与物资储备局批准的省级食糖储备库单位。公司连年跻身全国先进物流企业、河北省物流 50 强企业，并荣获国家级 4A 物流企业等荣誉称号。

“冀盛物流的发展离不开市领导的关怀和支持。”程淑艳说。这得益于他们坚守的一个理念：企业的发展一定要和城市的发展保持“同频共振”，这样才能抓住机遇，好风借力。

念好管理经，把舞台交给年轻人

退休前，程淑艳在国企工作多年，拥有丰富的管理经验。她把这些经验改进移植到冀盛物流，形成一套“管理经”：

——做一个有爱的企业，让企业文化慢慢融汇在员工心里。当企业充满爱时，才会越走越好。

——企业的管理要适度，不管不行，过度管理也不行，要靠管理出效益。

——坚持“诚信”的主旋律。

——做好人才梯队的建设，给年轻人充分施展才华的舞台。

——不断学习。在为客户做好服务的同时，也要学习客户的先进管理经验。

在冀盛物流的办公楼里，看到的基本都是一张张富有朝气的年轻面孔，员工平均年龄只有 35 岁。

“企业能飞多高，关键看你的能力，能把它推多高。一个公司的管理水平，很大程度上取决于这家公司选人和用人的水平。管理层必须善于发现人才、选拔人才、使用人才，要把合适的人才用在合适的位置上。”程淑艳非常认同一句话：人才是企业最核心的竞争力。

“公司的中层领导基本都是‘80 后’‘90 后’，年轻，高学历。”现在，冀盛物流的管理岗位招聘学历要求得一本、研究生，门槛很高。

“80 后”姑娘张小娟是燕山大学毕业的研究生，如今年纪轻轻就被委以重任：冀盛物流公司总经理、冀盛贸易有限公司董事长。

“没有论资排辈，公司给了年轻人自由发挥的平台。”她告诉记者，公司特别注重对年轻人的培养。要求大家每天写工作日志、做形势分析，激励大家主动去做、去思考。每天的“作业”，董事长都要在网上亲自过目，写得好的点赞，写得不好的发一个“猪头”。员工的生日和各个节日，都能收到公司发放的礼物，还经常举办演讲比赛、拓展训练、厨艺大赛等活动。

在一次“无奋斗、不青春”座谈会上，程淑艳激励年轻员工，“年轻人可以犯错，但不干不行，就得往前冲！”

“年轻人成长起来，企业的发展才有后劲。”程淑艳说，不管他们以后会不会一直在冀盛工作，只要能成才，就令人欣慰。她并不采用强力主导、时时鞭策的领导方式，但在和风细雨之下，却有着一种无形的气场，带着年轻人达到更高的标准。她倡导“快乐工作，幸福生活”的企业文化，让年轻人在工作中得到更多的收获感和幸福感。

“党的阵地必须要落实到全社会每个角落。”抓党建，是程淑艳心中推动企业发展的一个重要引擎。“正确的引领非常重要，企业没有正确的理念就会走偏，党建工作一定要不留死角。”

2013 年 9 月，冀盛物流党支部成立。程淑艳在公司发出号召：一个党员一面旗，让党徽在岗位上闪光；发动党员率先垂范，充分发挥带动作用。每年，公司都会坚持组织党建活动。2021 年是建党百年，公司带领员工到五峰山李大钊纪念馆参观学习，之后组织了“听党话，感党恩，跟党走”主题演讲活动。

“要让所有年轻人都能认识到、感受到中国共产党的伟大。”程淑艳说。

回报家乡人，主动承担社会责任

“我生长在秦皇岛，对家乡有种特殊的情怀。”身为秦皇岛市人大代表、海港区政协常委、秦皇岛市工商联副主席，程淑艳总觉得肩上有沉甸甸的责任。

她把责任化作对秦皇岛迈向国际化城市的殚精竭虑，化作推动城市发展的一条条诚恳的建议。“推进港产城互动发展”，这条富有见地的建议，成为当年市政协一号议案。

她把责任化作对家乡百姓的牵挂和回报。为贫困村建设捐款捐物，慰问资助困难群众，连续 7 年捐资参与“春联送万家”活动，为小学、幼儿园捐款改善基础教育设施，为创建文明城捐款，慰问环卫工人、消防官兵……自 2014 年以来，公司各项公益捐赠已达近百万元。

2015 年 6 月，程淑艳了解到青龙镇龙潭村“信息闭塞”已严重制约村级经济发展后，立即向市工商联汇报此事，同时与秦皇岛移动公司进行协调沟通，成功在龙潭村建设三座基站信号塔，实现了村内与外界的信息互通。

2016 年，冀盛物流参与“万企服务万村”行动。从那时起，程淑艳每年都要几次到定点帮扶的窑上村进行调研，除了带去慰问品和帮扶资金，还为大巫岚镇窑上村未来的发展提供规划意见。她联系专家对村民进行电子商务培训，让村庄发展搭上网络快车，还提出特色、差异化种植发展思路。

村里的特色大李子第一批结了果，村民们立即给程淑艳送来，说什么都要让她尝这“第一口鲜”。更让她高兴的是，现在大李子供不应求，下了树就被东北客商直接收走。

2020 年 3 月，时任市委书记朱政学主持召开脱贫攻坚再动员会议。第二天，程淑艳就来到窑上村，了解到村里急需吸污车和垃圾桶，她当即捐赠了 7 万元，为村里购买了一台吸污车和 100 多个垃圾桶。深受感动的村民特地送来锦旗：脱贫攻坚伸援手，爱心援助献真情。截至目前，冀盛物流和程淑艳个人已累计捐赠扶贫物资价值 20 余万元。

在程淑艳的手机里，存着习近平总书记在全国脱贫攻坚总结表彰大会上的一段讲话。她时常拿出来看看，每每心潮澎湃，“这是一项伟大的工程。能参与其中，我感到非常荣幸！”

2020 年，因为在脱贫攻坚工作中的突出表现，程淑艳获得了秦皇岛精准扶贫十佳奉献奖。

当新冠肺炎疫情来势汹汹时，很多企业都遭到了巨大的冲击，冀盛物流也不例外，销售量一度下滑了 85%。

“企业首先要履行的是企业责任。六稳六保第一个就是稳就业，员工稳定了，企业、社会才能稳定。要让员工们继续高高兴兴来、快快乐乐走。”当企业运行出现十分困难的严峻局面时，程淑艳作了一个出人意料的决定，没有辞退一名员工，而且工资不降，保持全额发放。

“企业的发展壮大离不开国家和社会各界的支持，我们要常怀感恩之心，主动承担社会责任。”怀着强烈的责任感，程淑艳积极参与到疫情防控阻击战中。在做好本企业疫情防控工作的同时，她带头响应政府号召，个人捐赠了1.3万元援助抗疫工作。为窑上村多方筹措，购买口罩、消毒液、体温计、防护服等价值5万元的防疫物资；还送去价值约14万元的米面油等生活物资，解决村民的生活所需。在防控疫情方面，共计捐赠27万余元。在秦皇岛市工商业联合会第十七次代表大会上，冀盛物流获公益扶贫先进企业和抗击疫情先进企业两项殊荣。

近年来，程淑艳先后获得“河北省创业功臣”“河北省创业创新女企业家标兵”等多项荣誉称号，2020年获得“全国物流行业劳动模范”的殊荣。

十年奔跑，脚下有风。

在物流这个以往被男人主宰的领域里，程淑艳的柔，显得引人注目。她身上看不到“女强人”标签化的一些特点，却用执着、坚韧、睿智、从容证明了一种内敛的强大，做成了很多男人都做不好的事。她带领冀盛物流完全脱离了传统物流业的小、散、乱，用更高水准的服务、更现代的经营管理，登上了更广阔的平台，成为推进转型升级、高质量发展的典范。

“从开始到现在，一步步感受到物流业的活力和潜力。”程淑艳心中，已经为冀盛物流描画好了未来之路：打造以物流仓储为基础，以大宗商品交易周转为核心，以“互联网＋物流”为支撑，融合线上电子商务和线下业务的现代化、信息化的物品流通集散中心。

程淑艳开玩笑说自己在退休后又焕发了第二春。英雄莫问出处，有志何惧年高，就像她给年轻人讲的那样：无奋斗，不青春。

奔跑的日子，正青春！

行稳致远　进而有为

文 / 袁秀峰

个人简介：

王鸽屏，秦皇岛人，1983 年出生，2007 年毕业于南开大学英语专业。秦皇岛优睿文化传播有限公司董事长、秦皇岛市女企业家协会副会长、河北省女企业家协会会员、秦皇岛市民营企业互助商会副会长、秦皇岛市市政协委员、河北省知青协会会长、中国传统文化委员会副主任。所管理企业先后获得“中国大学生就业促进工程实训基地”“中国最具影响力创新企业”“全国重合同、守信用企业”“中国行业十佳企业”“全国高校后勤服务优秀企业”“中国文化艺术行业资质等级一级”荣誉称号。

古有明训：“戒急用忍，行稳致远。”在长远的路途中有上坡，有下坡，有平地，有高山，有直亦有弯，若想行远，必须随时看清外在的环境变化，采用不同的走法。

稳，不意味一味慢行，而是疾徐适中不慌不忙，一步一个脚印，才能有充分的体力走远路，而不会招致危险。

人生的道路如此，企业的经营亦复如此。

——录自《许正勋集团董事长嘉言录》

在那个炎热的夏天，她第一次尝到经营的艰辛

2003 年 6 月的一天中午，烈日当空，骄阳似火。天津市河北区竞园里小区一住户家的门被一个十八九岁的小姑娘敲响了。

“您好！我是王鸽屏。”开门的夫妇愣住了——这不是昨天在三和温泉小区售楼处遇到的那个售楼员吗？

“你有什么事吗？”“冒昧登门，打扰了！”这个名叫王鸽屏的小姑娘一边把手中的一大兜水果塞给这对夫妇，一边不时擦着脸上的汗水。这对夫妇迟疑一下，还是让王鸽屏进屋了。

“昨天那套房子我觉得对你们来说太合适不过了。”面对王鸽屏的直来直去，这对夫妇明显有些尴尬。昨天，他们逛街时无意中路过这家售楼处，就有一搭无一搭地了解了一下行情，而接待他们的王鸽屏却极其热情又认真地向他们介绍了楼盘的情况，在他们离开时，还索要了他们的住址和电话，没想到还不到一天时间，这个小姑娘竟追到了家里……

18 年后，身为秦皇岛优睿文化传播有限公司董事长的王鸽屏，以一个成功企业家的身份回忆起这件往事时仍历历在目，她说，2003 年的夏天，令她永生难忘，因为那是她第一次体会到经营的艰辛。

2003 年 6 月，刚参加完高考的王鸽屏被父亲叫到了天津。父亲是一家地产公司的承建商，在天津做了不少项目，三和温泉小区正是其中的一个。为了让资金尽快回笼周转，父亲和员工们抓紧销售建好的楼盘，而父亲也是有意让王鸽屏过来锻炼一下，上文提到的这对夫妇恰好是王鸽屏接待的第一个客户。

“您看，我们的楼盘无论是距你们的工作单位还是孩子的学校都非常近……这是我的第一份工作，请你们多多关照！”听了王鸽屏中肯而细致的分析，这对夫妇很客气地说他们再考虑一下。

两天后，王鸽屏再次敲响了这对夫妇家的房门。这次，她不但拎着水

果，而且还从父亲那里偷拿了一个玉质小摆件作为礼物。“我是一名学生，其实这个小区就是我父亲建的，他主要想锻炼一下我的能力，如果你们要买，我可以给你们最低的价格。”王鸽屏的执着终于打动了这对夫妇——成交！

196.4 平方米，成交价 1998 元 / 平方米，王鸽屏至今对那套房子还记忆犹新。通过这次交易，王鸽屏和这对夫妇成了朋友，直到现在还有联系。

第一套房子的售出，让王鸽屏的信心倍增。接下来，第二套、第三套，一套又一套开始不断地售出。两个月的锻炼结束时，王鸽屏共售出 170 多套房，占到了销售份额的 80%，令父亲和全公司的销售人员对她刮目相看。

王鸽屏说，这次经历是她在经营方面的启蒙，通过这两个月的锻炼，她初步懂得了如何与客户打交道，如何维护商道，更体会到在经营中，真诚和执着的重要。

在南开大学，她开启了创业之旅

2003 年的盛夏，对王鸽屏来说的确是个幸运的季节。她不但帮父亲售出了 170 多套房子，还收到了南开大学英语专业的录取通知书。

“选择南开是因为父亲和很多亲属都在天津工作，而选择英语专业则是我自己决定的。”虽然父亲很看中她的经商才能，但还是依从了女儿的兴趣爱好。

在大学，王鸽屏是是个比较活跃的学生，她爱好文学、喜欢音乐，她写的诗词、随笔经常在南开大学的校报上面发表，在学校宣传部组织的各项活动中，她也表现得很积极。

当时校外的一些辅导机构经常到南开大学开展一些合作培训项目，王鸽屏作为宣传部的负责人之一，积极帮他们对接、协调，甚至帮他们招生。慢慢地，王鸽屏对培训这一行业了解得越来越多，她的商业才能开始慢慢显露出来。“我们学校既有生源又有师资还有教室，如果我来干这个培训，也完全可以啊！”她开始在心里偷偷盘算着。

到大三时，王鸽屏的想法渐渐成熟起来。她同宣传部的几名同学商量，向老师们征求意见。英语系的雷教授，是王鸽屏最敬重的老师，给予她许多具体的指导。一场轰轰烈烈的创业就这样在南开大学的校园中展开了。

初生牛犊不怕虎。“当时什么办学手续也没有就开始干了，因为我的出发点很单纯：本校其他院系有许多偏科的学生，他们英语成绩很不好，四级很难过关，我就利用我们英语专业的优势帮他们辅导，然后收取一定的费用，没想到第一天就有 30 多名学生报名。”

由于任课教师就是王鸽屏以及英语系的同学，他们对教材和考试流程都非常熟悉，教起来轻车熟路。因此，王鸽屏创业的第一步走得格外顺利。

不久，在天津工作的叔叔到学校去看望王鸽屏，知道她在做培训后，叔叔哈哈大笑：“如果你真想做这一行，得办执照，合理合法地干才行。”“我们也不懂啊！”王鸽屏也尴尬地笑了。

几天后，在叔叔和恩师雷教授的帮助下，在天津市教育科学研究院王院长等人的大力支持下，王鸽屏顺利办完了各项手续，创立了属于自己的第一个真正意义上的公司。

“那个年代，学生们的求知欲很强烈，而社会上的培训机构又太少，所以仅各大高校的学生就可以满足公司的生源需求。”

不到半年的时间，王鸽屏就以南开大学为基础，慢慢拓展到相邻的天津大学，再扩展到天津 40 多所其他高校，培训项目也从英语扩展到日语、韩语、西班牙语等小语种。同学们在王鸽屏的带动下，利用业余时间讲课，不但解决了学习生活费用问题，而且还有盈余。在同学眼中，王鸽屏是众人崇拜的女强人和创业偶像。

然而，没有谁的成功是唾手可得的，每一个风光事业的背后都有不为人知的艰辛。

2006 年，又是一个夏天，王鸽屏记得那个夏天的太阳特别毒。

为了扩大招生范围，王鸽屏骑着自行车，车筐里装着毛笔、墨汁、糨糊以及一沓写海报用的红纸。一个暑假她跑遍了天津 48 所高校，把亲手书写的招生广告也贴遍了这 48 所学校的校园。

“自己成立公司后就不一样了，每一笔开销都要精打细算，招生广告由我自己书写自己张贴，不就省下一大笔印刷费和广告费了嘛！”

一个夏天下来，王鸽屏整个人晒得像个黑煤球，胳膊上留下的晒斑至今都没有消除。在她的精心经营下，公司业务发展迅速，由天津市南开区一家公司，迅速发展为河北区、大学城、南开区、红桥区四家连锁公司。

假如没去创业，她的理想是当一名教师

“还记得年少时的梦吗？像朵永远不凋零的花……”就像歌中唱的那样，年少时的王鸽屏也曾编织过五彩斑斓的梦。

“小时候，父母工作忙，没时间管我，我就被扔在了姥姥家。姥姥从

小受过很好的教育，在我三岁左右，姥姥就教我写毛笔字、画国画，后来我还一度迷上写诗、听音乐。大学时，其实我最初的理想是当一名教师……反正从未想过经商，哈哈哈！”王鸽屏笑着说，如果当时就稳稳当当地当一名教师该多省心、多安逸啊！

或许，人生最大的魅力就在于它的不可知，而充满了变数的人生必然是一个不断选择、不断获得与失去的过程。

时间到了 2006 年年底，王鸽屏在经营上已小有成就，然而她始终没有放弃一个念头——考研。尽管后来因公司业务的需要实在不容她再分身读研，但在准备考研的过程中却结识了新东方的创始人俞敏洪。

“那时我报了一个辅导班，由此结识了海天考研在天津的负责人魏东明，在魏东明的引荐下，我认识了俞敏洪老师。”

第一次见面，王鸽屏就用英语与他交流：“我的口语不是很好，我是班门弄斧了，我想向您学一些办学理念和经商之道，您看可以吗？”王鸽屏流利的英语口语引起了俞敏洪的注意，他询问了许多有关王鸽屏公司的业务情况，不时对这个年轻人投来赞许的目光。“今后我的创业路上，请您多指导。”俞敏洪非常谦虚地说：“咱们共同探讨。”王鸽屏很吃惊，这么了不起的一个企业家竟这么谦虚、和蔼。

后来，俞敏洪还专门到王鸽屏的公司去参观，给予她许多必要的指导。“在俞敏洪老师的眼中，我就是一个小孩子，他从不轻易评价我的做法正确与否，只是告诉我，适合自己的才是最正确的！”

一直到现在，王鸽屏遇到难题时还时常向俞敏洪请教。“他是我事业上的导师，难题经他一指点，我总会豁然开朗。”

2007 年大学毕业时，王鸽屏的许多同学都选择了出国或去大企业工作，而她最终放弃了读研、出国，毅然决然地选择了继续从事教育培训这一行。她在自己搭建的讲台上实现着当教师的梦想，因为她记住了俞敏洪的那句话：适合自己的才是最正确的！

在发展中，她不断充实自己，勇于尝试新行业

2007 年后，随着培训机构的发展，社会的各种需求也开始增多，导游员、报关员、物流师、建筑师、小语种等的市场需求量大增。除了天津的四家连锁公司外，2008 年，王鸽屏在北京也设立了教育辅导分公司。随着公司的各项业务逐步走上正轨，王鸽屏开始把目光投向更长远的未来，她首先想到的就是在家乡秦皇岛再创下一份事业。通过市场调查，她注意到了驾驶员培训这一行。“我觉得随着私家车的普及，会开车成了一项基本技能，驾驶员培训必定有广阔的市场。”

看好市场前景并不意味着适合自己，王鸽屏的大胆尝试是基于她充分细致的市场调研基础上的。她说，这一步，一定不能操之过急。

为了得到第一手资料，2010 年的夏天，王鸽屏还偷偷“潜伏”到驾校中，每天顶着烈日，拎着一兜冰镇的矿泉水和饮料到驾校的练车场和教练、学员们去聊天。慢慢地，王鸽屏对培训管理以及相关费用、车辆场地等有了详尽的了解。

前后经过近一年的考察后，她才决定开始购车买场地。她在燕山大学附近租了一个门市房用于接待报名者，结果，什么宣传都还没做，咨询的人就络绎不绝，第一次招生就有 40 多人报名，接下来也是期期爆满。王鸽屏看到巨大的市场需求，她庆幸，自己又一次选对了行业。目前，在秦皇岛驾驶员培训行业大军中，王鸽屏已分别与六所驾培机构建立了盟友关系，开设了 6 个训练场地。

从 2019 年起，王鸽屏又逐步参与到父亲创办的机械厂的经营。相比驾驶员培训，这是一次更大的跨界转型。王鸽屏说：“父亲最早在国企是机械高级工程师，单位改制后，父亲到天津承建楼房，在天津干了几年后，于 2009 年回到秦皇岛又重操旧业，开了这家机械厂。我对机械行业并不陌生，小时候就是在机械厂大院长大的，外人眼中那些冷冰冰的机械

就像是我儿时的大玩具，自然有一种亲切感。”

可是，管理企业毕竟不是玩“玩具”。

王鸽屏决定从零开始，从看图纸、画图纸这些基础知识开始学起。“基础的东西我必须懂！办培训班也是，招生、讲课最初都是我亲力亲为，等我明白了再让别人去做。公司的财务管理，我也是自己先去报财务辅导班学习，要管理首先我得做个内行。”多年来，王鸽屏坚持每天早上 7：30 上班，晚上 9 点下班。她的认知是：知识都是学来的，时间都是挤出来的，成功的企业家都是拼出来的。

成功后，她心里装着沉甸甸的社会责任

小米科技董事长雷军曾说过，当民营企业发展到一定规模，它就属于整个社会，属于员工和消费者，企业家要有明确的使命感，为社会进步作出贡献。

“张姐”是王鸽屏对天津分公司办公室主任的称呼。她俩的相识缘于 2007 年的一次招聘。王鸽屏说，当时她想招聘一名办公室主任，目标是掌握多项技能、年轻力壮的小伙子，以便关键时帮她“冲锋陷阵”，可是来应聘的张姐却打破了王鸽屏最初的设想。

“第一次见到张姐，40 多岁模样，穿一身运动服，普通的中年妇女形象，她胆怯地说想试试这个岗位。她说，她从一家小服装厂下岗了，丈夫也没有工作，儿子刚上大学，家里特别需要钱。”寥寥数语却让王鸽屏深受触动，她说她突然有了一种责任感——这份工作必须给她！因为张姐背后有一个大学生，有一个家庭，王鸽屏不想让她再去别处碰壁了。“明天来试试吧。”张姐无比开心，那感激的眼神让王鸽屏久久挥之不去。

可是，张姐对办公室业务一窍不通，更无其他技能，怎么办？王鸽屏手把手地教她怎样与客户沟通，怎样应对各种难题，甚至怎么操作电

脑……张姐非常珍惜这个工作机会，很用心地去学习。经过近半年的磨合，张姐终于胜任了办公室的工作，而且一直兢兢业业地干到现在。十几年的相处，张姐不但成了王鸽屏事业上的得力助手，而且还像家人一样亲。

从录用张姐开始，王鸽屏的公司就多了一条新规：招工时一定优先考虑下岗工人和贫困家庭。

2019 年，卢龙县一个 30 多岁的农村女子找到了王鸽屏，想谋一份工作。这是一个不幸的女人，丈夫因故去世，家中两个孩子一个 9 岁一个 3 岁多，她自己无力抚养。可是她文化程度不高，王鸽屏让她试了几份工作都无法胜任。看她手脚麻利，干活勤快，王鸽屏就将她安排到机械厂当学徒。在老师傅的言传身教下，她已经成了生产流水线上的一名金牌工人，成功找到了自己的定位，每月 6000 元的收入为她一家解决了生活问题。

这样的例子不胜枚举。自创业以来，王鸽屏已为下岗工人和农村贫困妇女累计提供就业岗位达 200 多个。近年来，王鸽屏还积极参加市妇联和市女企业家协会组织的各类巾帼志愿服务活动、关爱贫困儿童的爱心捐赠活动等。2020 年 2 月，新冠肺炎疫情刚刚到来之际，王鸽屏就在第一时间和其他女企业家发起了对秦皇岛电视台奋战在一线上的记者们的捐赠和慰问活动。同年，她还参加了市女企业家协会组织的关爱贫困儿童的爱心捐赠、慰问活动，为贫困山区儿童送去被褥和生活必需品。在全民抗击疫情的关键时期，她带动公司员工主动为武汉疫区捐资，展现了秦皇岛女性勇于创业、敢于创新、扶弱助困的巾帼力量。

未来，她要把优睿文化推向全国走向世界

在王鸽屏办公室的墙上，挂着友人送给她的一幅字“行稳致远”，她

一直把这四个字作为经商之道和处事原则。在公司的发展中，她已把“行稳致远”这一理念深深地嵌入每一项重大决策中，即追求疾徐适中的稳健发展。

2017 年，王鸽屏在秦皇岛注册了优睿文化传播有限公司，这是一家集文化艺术交流、影视节目制作、演出服务、教育软件开发、广告发布等多门类业务的综合性公司。“无论我的企业怎样发展，发展到哪里，但总部永远设在秦皇岛，因为我生于斯长于斯，发展于秦皇岛，这里是我的根。”王鸽屏深情地说。

现在，优睿文化传播有限公司的业务范围已经从天津、北京拓展到了南京。一年 365 天，王鸽屏都在马不停蹄地忙碌着，每天工作十几个小时已是常态。

“每当看见员工期待的眼神时，我就觉得自己不能停下来。几百人的企业，每个人都有一个小家，他们的幸福、安危、冷暖全交给我了，所以我有责任感，他们是我拼命工作的动力。”

王鸽屏说，她的心中一直有一个梦想，在未来的几年里，计划把优睿文化推向全国，把优睿教育引向世界，把优睿梦与中华民族伟大复兴的中国梦紧密结合在一起，实现每一位优睿人的优睿梦！

敢想敢干 得舍有道
二十六载春秋铸辉煌

文 / 师源 孙也达

“任总，客户临时加了 300 件副食品，调货有些麻烦，您看怎么处理？”

“马上给客户调货，保证客户货源充足，其他的问题我来处理。”一大早，还没来得及走进办公室，任会娟忙碌的一天就开始了。

一次偶然的机会，任会娟了解和接触了商品贸易行业，考虑之下，她毅然辞去了“铁饭碗”，开启了从商之路。凭借着诚实守信、踏实肯干、敢为人先的精神，任会娟带领着公司员工一路拼搏，公司主营业务在秦皇岛市相关市场占比可达 70%。从负债几十万元到销售额突破亿元，26 年的风风雨雨，任会娟搭建起了自己的商贸王国，并还在继续书写着自己的传奇经历。

投身商贸行业 完成重要“转型”

跟随任会娟走进办公室，一间十几平方米的办公室内，摆放着一张会客沙发、一张简易办公桌、一把椅子和一个置物柜，很难想象这是一个销售额破亿的贸易公司总经理的办公室。

“快请坐，办公室比较简陋，多包涵。”任会娟热情地招呼众人落座。26 年的时间里，任会娟几乎把所有精力都用在了公司的发展和经营上。

说起成立公司，任会娟直言很“偶然”。毕业于天津工业大学的任会娟和毕业于天津商业大学的丈夫侯书达一起被分配到了秦皇岛市棉纺厂工作。“1995 年，同学和我们聊起了商贸这个行业，说前景不错。而且，秦皇岛市作为首批沿海开放城市，有着得天独厚的条件，建议我们试一试。”任会娟说。

刚刚步入社会没几年，身为外地人，任会娟夫妻二人在秦皇岛人生地不熟，还有一份正式工作，同学的建议让侯书达既心动又犹豫。“我知道老公的想法，我们没什么‘根基’，做生意不如上班有保障，万一失败了，以后的日子可就难过了。”任会娟说。

可是想着他们还这么年轻，未来还有无限可能，27 岁的任会娟开始劝说丈夫抓住机会，出去闯荡，不留遗憾。在妻子的鼓励下，1995 年，侯书达辞去了棉纺厂的工作，与朋友合伙成立了秦皇岛市强达商贸有限公司。

为了凑够公司的启动资金，夫妻俩把家里的全部积蓄 2350 元都拿了出来。可这些钱对于成立一家公司而言，无异于杯水车薪。于是，俩人“心一横”，向同学借了 2 万元“巨款”，终于在开发区经棉里 80 多平方米的居民楼里把公司开了起来。

彼时的任会娟在棉纺厂里工作，照顾年幼的大女儿，稳定家庭“大后方”，同时用实际行动默默支持着公司的发展。

“公司成立之初，只代理了嘉顿饼干一个品牌。为了节省运费，侯书达都是带车去北京拉货，货一到就喊一群朋友来帮忙卸货。一开始送货的时候，都是开着一辆二手车，可因为不熟悉车况，车辆总会出些小毛病，最后为了不耽误送货时间，我们就直接用三轮车送货。”回想起公司成立之初时，任会娟坦言，虽然辛苦，但十分快乐。“我记得自己第一次卸巧克力货时，单子上写的315碗，可我们怎么也找不到这个型号的商品，后来才知道包装袋上的21*15g就是315碗的意思。我的很多经验就是从这样一点一滴的实践中积累起来的，每一次的成长都觉得十分愉悦。”

公司成立两年后，办公场地就扩大了一倍，还有了150平方米的仓库，代理了近十种副食品品牌。公司发展越来越好，日子也越过越顺，但却遇到了第一个波折。

1997年，由于经营理念不同，之前的合作伙伴决定撤股。面对这种情况，公司该如何发展？是继续前进，还是就此“打住”。任会娟和丈夫再一次面临选择。看准了公司的发展前景，任会娟和丈夫决定“盘”下公司，继续经营。

“我们用公司两年的收入换取了对方的所有股份。置换完成后，公司的固定资产只剩下一个保险柜、一辆电动车和两个BP机，账面上还欠下了2万元的外债。”任会娟说，1998年，她辞去棉纺厂工作，正式加入公司。

“创业难吗？”“难！”“想过放弃吗？”“没有！”“为什么？”“既然选择了，就要做到最好！”

一连串的问题，任会娟回答得十分坚定。

正式进入公司后，任会娟面对的是一笔不小的债务。“那时，上货需要先打款再收货，由于没有大额资金，我们只能去借。”任会娟说，幸运的是，凭借着夫妻二人的个人信誉，他们从亲朋好友那里借资43万元。“这笔钱在当时可真是天文数字，我们也没有想那么多，觉得只要自己踏实努力地干，肯定能把这笔钱还上。”任会娟回忆道。那时，每到月初，夫妻俩就挨家挨户送利息，这笔资金也成了公司发展最强劲的助力。

由于资金有限，没有条件经铁路或陆路运输货品，任会娟每次进货只能选择海上运输。“通过海运集装箱运货，每次只能进6吨，体量特别小。但好在可以不落仓，直接能拉到市场去交易，现场就能回笼资金。收到货款后，我们又马不停蹄地与厂家联系，打款、发货，再接货、送货。”任会娟说，靠着勤跑多卖、不惧辛苦，公司渐渐步入了正轨。

从 1997 年负债几十万到 2000 年销售额突破千万，夫妻俩不仅还完了外债，还带领公司完成了“华丽变身”。

守住底线做事　成就人生赢家

2006 年，公司销售额达到了 3000 多万元，领跑行业市场，但一些问题也随之而来。“因为我们的仓库位置与注册地址、报税地址不符，所以产生了一些矛盾，费了不少周折，但好在最终都顺利解决了。”任会娟说。自此，公司正式改名为秦皇岛市强之达贸易有限公司。

随着公司规模的扩大，任会娟由最早期的出纳、微机操作员等一线人员逐渐转变成一个管理者。夫妻二人开始明确分工，丈夫负责工商、税务、品牌合作等外部工作，任会娟则负责公司内部的所有管理事务。

在其他人眼里，商贸行业的竞争是激烈的，虽然经历过一些挫折，但任会娟却不以为然。多年来，强之达公司始终坚持从不“抢”别人代理品牌、从不让合作伙伴受损的原则。

2007 年，一家大型食品粮油厂家找到任会娟，希望她代理自己的商品。面对这样的商机和利益，很多人都会毫不犹豫地答应，可任会娟却迟疑了。

“如果我接手了，那以前的代理商怎么办？”面对这样的机会，任会娟第一反应是替别人着想，“这个品牌是原经销商的立足之本，我们不能做不仁不义之事！”

于是，任会娟夫妻找到厂家，详细询问了其与前代理商的合作情况。即便是在得知厂家和前代理商经营理念不同、无法继续合作的情况下，他们还是找到了前代理商，询问对方的意见。在获得对方的同意和理解后，才安心地接过了品牌的代理权。

随后，任会娟与前经销商联系，将对方临期和过期的商品都承担了下来。厂家和前经销商被任会娟夫妻的做法和为人深深折服，直到现在，厂家仍然选择与其合作，之前的经销商也和他们成了好朋友。

“做事先做人，虽然当时损失了几万元钱，但我觉得未来还会挣回来，我只求问心无愧。而且我还交到了很多的朋友，我觉得这样很值。”任会娟说，从商多年，她从来没有“商场如战场”的感觉，也没有所谓的“商场敌人”，反而是朋友越来越多，路越走越顺。

“吃亏是福”是任会娟嘴里常说的一句话。“有人说我傻，可我觉得我守住了内心的‘道’，也因此有了满满的获得感。”任会娟感慨地说。

有时，在和厂家合作时，厂家的业务员为了完成自己的销售任务，会与任会娟商量将商品打折或者进行活动促销降价售卖，之后再给她补齐差价。“一般情况下，我都会答应业务员的要求，进行前期降价销售。”任会娟说。

可在销售结束后，难免会遇到业务员直接辞职、找不到人的情况。由于零售体量大，差价也是一笔不小的费用，怎么解决？任会娟面临着两种选择：与厂家继续合作，逐年收回自己的利润，但资金回笼慢，可能会影响公司的发展速度；或者终止合作，厂家找到新代理后一次性补偿给自己。

“如果终止合作，我一次性拿到了补偿，既省事又省心，但厂家既要找新代理商，又要谈补偿的问题，很是棘手。所以，我宁愿自己资金回笼慢一点，也希望将厂家的损失降到最低。”任会娟说，看上去是自己吃了亏，但其实 80% 的厂商都与自己建立了长期的合作关系，为公司发展稳步前进奠定了基础。

在 20 多年的经营中，任会娟始终认为“一花独放不是春，百花齐放春满园”，只有商贸行业各个环节都能够良性发展，自己才会发展得越来越好，所以她从不对下游客户“压价”。

“一个好的产品很少能够靠一个代理商推出来，靠的全是大家的努力，所以，我愿意让利给下游客户。他们有了利益空间，会更主动推产品，长此以往，越来越多的好产品得到市场认可，消费者也能买得实惠、用得安心，这样整个商贸环境也就变得越来越好。”任会娟说。

守住本心，方得始终。做人讲情怀、有原则，对厂家真诚、愿吃亏，为其他客户着想、有余地……这就是为什么任会娟从事商贸行业 20 多年总有一批老客户跟着她的原因，他们就是看准了任会娟这个人。

大胆创新改革　绘出美好蓝图

做事有原则，管理有方法。任会娟从不拘泥于一格，只要有利于公司发展，她都愿意去尝试、去改变。在爱人的鼓励和支持下，她对公司管理进行了一系列的改革，员工们都说她“有一双善于发现问题的眼睛和敢于突破自我的胆量”。

当年，秦皇岛市商贸行业进出货都是手写单，书写不清晰、出单慢、填写不规范……细心的任会娟发现了手写单存在的诸多问题，于是，她一有机会就到外地考察、查阅资料，希望能引进先进做法，改进贸易单弊端。

偶然机会，任会娟发现电脑出单既准确又便捷。可面对这样一件新鲜事物，别说公司没人会，就是在秦皇岛市商贸界也没人听说过。“有人劝我说，这么多年大家都是用手写单，就别瞎折腾了。可我觉得电脑出单好处多、可行性高，便做了第一个‘吃螃蟹’的人。”任会娟说。

此后，她苦心研究，将所有商品按品类、克数、批次等条件编出编码，统一格式，录入系统，通过软件打单、出单，成为公司第一个电脑操作员。员工们按照编码取货、发货，大大提高了出货效率，强之达也成了秦皇岛市商贸界首个用电脑开单的公司。

同时，在接手同行业务时，任会娟发现不少代理商存在账目不清等问题。“我在接手一款果冻产品时发现，前代理商的仓库堆积了不少临期和过期食品，造成仓储空间浪费的同时，也带来了不小的经济损失。”

电脑出单的成功尝试和经营中发现的实际问题，让任会娟深知科学管理公司的必要性。于是，她积极引进先进技术助力公司精细化管理。2007年，公司在全市率先实现系统定价。2010年，任会娟尝试与软件公司合作，自主研发电脑系统，推动管理进一步信息化。2020年，公司系统再一次提升改造，历经7个月研发出更为先进的管理系统，实现了将订单自动抓取、厂家费用自动挂账、财务管理平衡、远程办公、利润费用考核等细化到各个环节，为公司再次腾飞夯实了技术基础。

敢于大胆尝试，还善于动脑筋、爱琢磨，往往一件不起眼的小事，任会娟都能从中发现问题，并及时解决，推动公司不断发展。“发现问题、解决问题，这可能就是理工科学生的‘通病’吧。”任会娟笑着说。

以往，全市送货方式都是带货销售，三个人一辆车。一次，她听到送货回来的业务员说，为了给客户找一箱货，自己满车厢爬着找。说者无意，听者有心，任会娟觉得这种送货方式需要改进。

“由于不知道客户要多少货、要什么货，所以以往每辆车基本上要装上百种货物，而且为了方便找货，业务员也从不敢把车厢装满。送货时，每家都是现挑现找，业务员辛苦不说，还十分影响送货效率。”于是，任会娟想到了订单式销售模式。一个业务员提前一天去各个门店订货，第二天另外两个人按照销售单送货，没想到效果出奇的好。

“带货销售每天销售额最多 7000 元。订单销售当天，销售额就翻了一倍，当年销售额就增长了 1000 万，后来很多商贸公司都开始向我们学习，采用订单送货方式。”任会娟回忆道。

公司制度越捋越顺、办事效率越来越高，任会娟又把注意力转移到了如何调动员工的积极性上来。

2008 年，任会娟采用与去年同期比销售额超出部分 1% 提成的方案来提升员工的工作积极性。“当时，公司很多员工不相信我会兑现承诺，直到看到第一个月有人真的拿到了提成，才铆足干劲行动起来。

随着社会不断发展和公司不断进步，任会娟敏锐地察觉各个阶段销售行业的发展方向，适时调整各个部门的绩效措施。2011 年，财务部和储运部采用笔数加件数的考核方式；2012 年，针对业务不注重毛利率问题，再次改革以毛利考核业务部门；2018 年，采取用去年同期毛利增长考核办法……每一次改革，带来的都是销售额的连年增长，到 2020 年，公司销售额达 1.2 亿元，公司代理品牌达 40 多个，其中休闲类食品业务在秦皇岛市场占比达 70%。

痴迷学习成长　知识为事业插上翅膀

改革有底气，创新有方法。公司不断攀上新高度，离不开任会娟的刻苦学习。这么多年的经历让她深刻地认识到：只有不断努力，善于学习，才能成就更好的自己，才能在社会发展的瞬息万变中勇立潮头。

在学习时，任会娟有一套自己的“水桶理论”。“别人总说一只水桶能装多少水取决于最短的那块木板，但我却觉得如果长板很长，水桶的短板也不会特别短，而且长板越长越能带动短板变长。”任会娟说。

为此，任会娟在拓展公司业务的同时不断找机会学习深造。有时间就到现场听课，时间少就在线上学习，没有课就买资料自学，痴迷于学习的她有时甚至读书到深夜。

比学习更重要的是学会思考。“我在学习时，特别结合自身的实际情况，找到最佳的解决办法。通过理论与实践相结合，公司在人员、财务及业务等方面的管理越来越科学化，效果也十分明显。”任会娟说。

在不断提升自我的同时，任会娟也会把学到的知识分享给员工。“为了调动大家的学习积极性，公司会尽可能每周开一次学习会，让大家去谈感受、谈心得，这样既可以相互学习，也能够提升公司的凝聚力。”任会娟说。

学习新技术、新知识，要以人为镜。在学习和工作中，任会娟会把很多人当作自己的镜子，学习他人身上的长处。在一次巡店时，她发现卢龙一家超市的员工订货方法好，进货商品日期基本都维持在 9 天左右。“订货时间越接近当天日期，说明产品越‘新鲜’，销售效果就会越好，所以我详细询问了她的方法，并推广给其他门店的员工共同学习。”

“师傅教会了徒弟，不怕他们‘另起炉灶’吗？”

“那是我最开心的事儿。”任会娟充满自信地回答。“不瞒你说，公司成立这么多年，一些员工也会选择离开公司，自立门户，我觉得这是好事，应该鼓励和支持，有时我还会给予他们一些帮助。现在，很多人和我成了好朋友，与公司也保持着长期的合作关系。”

不介意把员工培养成老板，不吝惜与员工分享人脉资源，敢于传授经商之道，因为这样，公司员工队伍稳定，人人踏实强干，事业蒸蒸日上。

最近，任会娟迷上了“玩手机”，她可不是瞎玩，而是在线上听课，研究移动端视频软件、电商平台的运营管理模式。“随着信息化步伐加快，‘线上 + 线下’的模式将成为销售的主流方式，了解线上平台的运营模式势在必行。”任会娟说，做企业必须要有危机意识，这样才能及时发现问题，让企业更好地走下去。

砥砺奋发前行　做员工强大后盾

任会娟的精力旺盛是出了名的。在员工眼里，她就是个“铁人”。

早上 8 点就把公司大小事情安排妥当，中午从不休息，一天里经常马不停蹄地走上四五个县区，巡查 20 多家门店，逐一了解详情，准确指出问题，学习优秀经验，直到晚上 9 点才回家，第二天正常上班。

不少年轻员工常常吃不消，忍不住“抱怨”，“跟任总出去巡店，每次都能‘跑断腿’。”

“我的体力好，得益于早期创业时天天到仓库帮忙出货、卸货。”任会娟笑着说。

“事业已经很成功了，为什么还要这么拼？”

“责任！”任会娟郑重地说。

“早上一睁眼，想想这么多员工跟着我们干活吃饭，这么多客户需要和我们合作发展，就会觉得浑身有使不完的劲儿。”任会娟说。

在员工眼里，任会娟不仅是一个能力强的老板，还是大家的“知心大姐”。工作上，她严肃认真，出现问题会犀利指出；生活中，却暖心无比，乐于帮助他人解决难题。

在秦皇岛生活的前 8 年里，任会娟和丈夫一直租房生活。随着公司发展越来越好，他们终于在 2003 年买了人生中第一套住宅。刚有了自己的房子，“操心”的任会娟就想到了员工。

“咱住上楼房是舒服了，可想着公司里几位老员工还在租房住，心里总觉得不是滋味。”于是，在丈夫的支持下，任会娟决定给员工买房。“其实，我只为他们支付了首付，剩下的还是靠他们自己。”她谦虚地说。

一次，一位员工开车发生了交通事故，涉及经济赔偿。“虽然公司没有任何责任，但员工有困难，咱能帮的时候就必须帮。作为他的老板，我得对得起自己的良心，对得起自己的员工。”任会娟自掏腰包，花费 16 万元，帮助员工渡过了难关。

多年来，任会娟尽量帮助每一位员工，而大家也心悦诚服地跟着她干。在近百人的公司里，10 年以上的老员工有 40 余人。

百舸争流千帆竞，乘风破浪正远行。尝试实施合伙人机制、采取区域纯利润分红模式、准备直播带货……53 岁的任会娟仍然在路上，她希望把每项事业做深做透，让迈出的每一步都走得更稳更精彩。

“希望通过我的努力和大家的支持，能够让公司长成一棵参天大树，为我的员工和朋友们遮风挡雨。”任会娟说出了自己的奋斗目标，正如她在随笔中写的：“肩负重任何敢怠？不用扬鞭自奋蹄。待到公司自运转，品茗赏花话桑麻！”

从下岗职工到建材业“女闯将”

文 / 孙也达 师源

说话细声细语，举止从容得体，这是记者对庄颖的第一印象，如果非要用一个词来形容40多岁的她，“温婉大气”似乎成了不二之选。

采访初期，记者越发觉得庄颖的“大气”已经大到让众多须眉汗颜的地步。她体内蕴藏的力量和坚韧，很难让人和她柔弱的外表联系在一起。随着采访的深入，当她谈起对中国传统文化的认识时，记者又觉得她还是那个表里如一的淑女。玉器和茶叶，既是她经营的事业，也是她爱好的天地，更是她的精神食粮。

开篇之处很想用简单的一段话、一个场景、一个细节勾勒出庄颖本人的“精彩”，但她丰富绚丽的人生和一路泥泞的奋斗历程让人不免有些词穷。

所以，我最终决定用“不屈”“魄力”“诚信”“信念”四个词来浅显地概括这位从下岗工人华丽转身的“女闯将”。

不屈：下岗再创业，不向命运低头

熟悉庄颖的朋友都知道，她从小就喜欢玉器、翡翠等饰品，工作后，她也愿意花“重金”淘一些自己喜欢的首饰。

“玉器贯穿了中华民族五千多年的文化历史，最能代表中华民族美德。”庄颖对玉器的理解使得她对玉器爱得浓厚，了解、学习玉器知识也是她平时最大的爱好。

但让她没想到的是，昔日的爱好会在日后的生活中扮演起举足轻重的角色，成为她与命运抗争的有力“武器”。

20 世纪 90 年代，随着社会经济的发展，落后的生产力逐渐被取代，越来越多的企业倒下，不少企业员工成为下岗职工，在秦皇岛市某家造纸厂工作的庄颖就是其中的一员，她清楚地记得，那是 2002 年。

自己没有了收入，已经结婚的庄颖觉得家中经济压力一下变大了许多。但庄颖并没有消极地抱怨生活带给她的不公，用她的话说：“只要有双手，干啥都能养活自己。”

几乎没给自己任何缓冲、停顿的时间，庄颖很快就决定自己创业开店，商品类型也无须研究，她最爱的玉器就是最好的选择。“我身边好多下岗的人，很长时间缓不过神儿来，找不到工作挣不来钱，觉得天都要塌了。”庄颖说，她认为下岗对于她来说是一次机会，让她有可以实现梦想。“能把爱好和工作结合在一起，多幸福啊！”

庄颖的第一家玉器店——“吉祥如玉”珠宝玉器店就开在太阳城里，店面不大，但生意火爆。初入玉器行业，店门前就能“车水马龙”，好多同行都开始或明或暗地打听庄颖的“成功密码”。

“薄利多销，做人做事勤快点儿，就这么简单。”庄颖说，当时的玉器市场比较暴利，有时成交一块玉就够一家玉器店一个月的成本开销。“做生意不能贪，把利多让给别人一些，自己少拿点儿，越来越多的人愿意和我合作，朋友也越来越多，我想着我可以开始干批发了。”

就这样，庄颖一边经营着自己的小店，一边还干起了玉器批发。相比于零售，批发受市场影响小一些。但干批发需要一笔不小的资金作为流动资金，下岗创业不久的庄颖上哪儿去找那么多钱？

“我的钱不多，我只是跑得比别人勤而已。”庄颖回忆说，当时全国最大的玉器集散地在河南省，她一个月至少要跑两次。“为了省钱，我都是坐硬座过去，那时候去趟河南得近20个小时呢。”庄颖除了要去河南，北京她也常跑，小规模的补货就去那儿。

靠着勤进快销，庄颖逐渐在秦皇岛玉器市场站稳了脚跟，市场占有率越来越大。“我追求的是精、美、尚，我始终在玉器店中等待志同道合的人们。”庄颖说，她后来开始自己设计玉器、胸针、项链、耳钉，只要有灵感，她就记录下来。“后来店里有了不少回头客，他们都是被我的设计吸引来的，那些独特的设计包含着我的追求。做玉器不仅仅是做生意，更是表达自己的态度。”

从下岗到创业，从一间小门店到在秦皇岛玉器市场站稳脚跟，庄颖说她很幸运，也备感骄傲。“我下岗没给家里增加一点儿负担，还让家里生活条件更好了。”庄颖不无骄傲地说。最开始创业的时候，她想的并不是挣钱，而是做事，她坚信只要坚持不懈地把事做好，挣钱自然水到渠成，如果只想着挣钱，甚至挣“快钱”“脏钱”，最终一定会竹篮打水一场空。

魄力：跳出舒适圈，挑战新的人生

2010年年初，一位做建材生意的朋友邀请庄颖去参加一个绿色建材的展览会，庄颖当时只当去南方旅游一趟，便一同南下。让人没想到的是，这次旅行让庄颖的人生再次发生了重大转折。

“说实话，当时我对建筑材料一窍不通，去南方参会也是‘陪太子读书'，谁承想'太子'没读书，我读了。"庄颖说，当时展览会主要展示一些绿色建筑材料，防水、保温等各个方面的都有，她觉得很新奇，也觉得有一定的市场前景，所以她一直鼓励朋友投资，但最终，朋友并没有动心。

"从南方回来后，我脑子里一直盘算着投资绿色建材的可行性。"庄颖当时对绿色建材有些痴迷，她觉得环保是大势所趋，谁先占领这块儿阵地，将来谁就在"商战"中更有主动权。

绿色建材都有哪些？投资成本多大？多久能回本？收益率如何？市场对绿色建材的认可度怎样？

当庄颖把自己的想法和丈夫说了后，丈夫一连串的问题接踵而至。面对这些，36 岁的庄颖只说了一句话："我不想 30 多岁就过退休一样的生活，我希望我的生活能更有意义。"

庄颖所说的"意义"是为环保作出自己的贡献，虽然当时"两山论"还没被明确提出，但"给子孙后代留一片蓝天"的说法却家喻户晓。

为了能为环保作出自己的贡献，2010 年，庄颖成立了自己的公司——秦皇岛忠胜发建材有限公司，主营防水、保温等绿色建材。

公司建立初期，市场并不像庄颖预料的那般顺利。"那时，绿色环保的理念还并未深入人心，建材业作为房地产业的上游行业，一直以来处于粗放式发展状态，整个行业鱼龙混杂。"庄颖说，由于公司的产品都是高质量的绿色环保产品，价格相对较高，一般企业都不会选择自己公司的产品而是选择价格低廉的产品。"每次参加招标会，我们都兴致勃勃、信心满满地制作标书，人家对我们的产品也很认可，但最后就是因为价格问题，我们没有被选中。"

虽然有些失落，但庄颖仍然坚持产品的高端性、环保性，不愿屈就市场去做一些价格低廉的建材产品。"做建材行业，往往要对一栋楼乃至一个小区住户的安全负责。从公司成立的第一天起，我就告诉自己坚决不做豆腐渣工程，还有，现在人们日常生活中一些不良的生活方式和消费行为所造成的资源浪费给环境带来的损害日益严重，因此，普及绿色生活、推动人们消费理念和生活方式绿色化必将成为主流。”

有人说她死心眼，还有人说她不懂得变通，但庄颖却仍然固守着自己的理念，她说她也要和自己较真。她就不相信，人们追求的消费观念会永远停留在“只看价钱不看质量”这一阶段。

果然，近年来多部有关绿色建筑发展、绿色建材推广的标准、方案密集出台，表露了国家对绿色建筑发展的重视，“史上最严”新环保法也在2015年正式实施。国家对于建筑行业的绿色环保越来越重视，通过提高建筑建材本身的性能来节能环保，才是绿色地产未来的方向。

凭借着自己的魄力和坚持，庄颖成功转型，从玉器的温文尔雅转到工地的雷厉风行，从慢条斯理转到风风火火，但唯一不变的是庄颖的执着。

不断提高着她的高度，拓展着她人生的宽度，让她的人生总是充满新奇，总能在风雨过后见到彩虹和阳光。

诚信：坚持守初心，做出高质产品

采访进行到这里时，记者觉得庄颖的人生是多彩的，她的成功也似乎“一路坦途”，这就不禁让人心生疑问——这其中的秘诀是什么？

“勤奋和诚信，就这么简单。”庄颖说，在做玉器生意的时候，有些人不愿意去批发市场各个摊位自己去淘，而是雇人带货，这就导致他们接触玉器的机会相对较少，自然辨别上等玉、下等玉的水平也就差一些，有时甚至连真假玉都分不清。

此外，恪守诚信，庄颖更是不带有丝毫松懈。在河南淘玉的过程中，庄颖也曾打过眼，三块B料是她经商过程中的小污点，也是让她坚守诚信的长明警灯。

“有没有不识货的买家？有没有浑水摸鱼的机会？肯定有，但那样做坏良心。”庄颖说，她自己体验了买到假货的辛酸，所以己所不欲勿施于人。她不仅坚持主料全是真货，连各种配珠、附件也都保证是真货。

只有踏踏实实卖货、做人，才能长久，至少晚上能睡个安稳觉。对于遵守诚信，庄颖认为这是底线，不仅售卖玉器是这样的，在做绿色建材的时候也是如此。

“公司一直秉承安全第一、质量第二、利润第三的原则，质量必须排在利润之前。”庄颖认为，市场是一个优胜劣汰的大环境，高质量是好产品的基础，没有高质量，即使产品功能再强大也只是空中楼阁，没有根基毫无稳定可言。

在日常绿色建筑材料施工中，庄颖和丈夫必定每一个工地都要去，现场检查工人施工的质量，确保防水效果。“我们宁可不挣钱也绝不能差工、差料。”庄颖说，每一套房屋都是每个家庭用血汗钱换来的，防水、保温材料做不好，就等于他们的血汗钱打水漂，做人要有良心。

在庄颖坚持高质量施工的同时，经常有甲方要求其降低施工标准：“毕竟你这各项指标要比国家最低标准高太多了，降标准就能控成本啊！”每次遇到甲方有如此要求，作为乙方的庄颖从不让步，她认为双方合作是平等的，乙方应该充分满足甲方的需求，但同时甲方也应该认真尊重乙方的底线。

庄颖对诚信的坚守自然取得了丰厚的回报，她经营代理的中核北研 LEAC 聚合

物系列防水材料和专业堵漏系列材料，以及STP超薄保温系列产品，赢得了市场的高度认可。目前，庄颖的公司在秦皇岛地区的工程案例有秦皇岛人民医院，秦皇岛中医院，万科，六合商业综合楼，抚宁紫金湾三期、四期、五期、六期，学校，水厂，医院等多项优质项目。

“想要好的产品和服务，好材料和好施工缺一不可。”庄颖说，她每年都会组织全体员工进行学习，要求所有技术人员和她一样对工程质量、建材品质苛刻要求。无论她在身边与否，无论周边是否有监工在场，公司的每一个人都应该时刻坚守诚信底线，对工程有着一丝不苟的态度，有一股子较真的劲头。让这种精神助推企业发展，成为一种积极向上的经营观念。

庄颖用自己的行动向所有人证明了坚持诚信的正确性。“多年的生意经验告诉我，做生意最看重的就是产品和诚信。”庄颖对记者说，她最自豪的是做了这么多年的生意，每签订一份合同，都不是靠着请客和送礼，完全凭着产品自身过硬的质量。她一直希望能以卓越的产品品质，悉心打造绿色健康的家居生活，造出温暖的格调。

信念：畅游茶世界，弘扬传统文化

从外表看，庄颖给记者的感觉是温柔的，但从她过往的人生经历来看，她又是“刚烈”的，内外的冷与热如何在她身上相得益彰？记者来到她的茶室找到了答案。

庄颖的茶室在抚宁区和海港区，主要经营“陈升号”普洱茶。在她的茶室内不仅有茶和茶具，还有各式各样的旗袍、古琴、竹编等，与其说这是一个茶室，不如说这是一个中国传统文化的体验室。

通过庄颖茶室的风格可以看出，她温柔的外表下蕴藏着坚定与从容，这份坚定和从容让她的内在变得坚硬起来，无论面对下岗，还是社会对绿色建材的不认可，她都能从容不迫，坚持自我。

她把生活掌控在手里，也把命运掌控在手里，活得从容、漂亮！

受益于中国传统文化的庄颖自然想把这些发扬光大，她认为其中最好的载体就是茶。“茶是好东西，吸天地精华，占尽五行八卦。金木水火土，它没有一样不占。但是它也受尽人间煎熬，风吹日晒，最后被铁锅炒、被开水泡，这才能泡出它自己的香气来。”庄颖说，她喜欢每天从工地回来后静静坐在茶室里，泡一杯茶，看着水汽慢慢升腾，想象着茶叶曾经经历过的一切，再对比喝入嘴中的甘甜，她会觉得人生一切磨难都是为了最后的美好绽放在作准备。

“茶是内敛不张扬的，它不会像咖啡一样浓郁，但它入喉后会在口腔里留有回甘，这种回味正如我们思考人生的感悟，有助于指明我们下一步前进的方向。”庄颖说，茶文化就是中国的人生哲学，希望能有更多的人走进她的茶室，不需买茶，只需在那里静静品茶，留下对茶的评价，对人生的感悟。

如果是没有喝茶习惯的人，庄颖希望能通过她的茶室使其爱上喝茶，喜欢上茶文化，进而了解中国的传统文化。“只有了解了中国的传统文化，我们才能真正做到文化自信。做好商品是商人的本分，承担部分社会责任则是我们商人应有的爱国之心。”

巾帼何须让须眉　敢同日月争光辉

文 / 袁秀峰

在工程领域，大家印象中从事这个行业的一般都是男性，确实，每次在招投标谈判桌上，通常只有我一个女性。身为女性，除了体力劳动，我不认为别的方面男人能做到的女人做不到，比如技术、专业、领导力。我想，每个女人都不应该把自己囿于妻子、母亲的角色，而应把自己活成一道光，照亮自己、照亮别人，让子女以你为荣，充分发挥自己的价值，为社会发展作出积极贡献。

——刘莎

父亲为我们树立良好的榜样

在刘莎的办公桌旁，摆着一幅很大的合影，照片上，刘莎一家四口人围在慈祥的父母周围，场景温馨而幸福。

“父亲离开我们已经三年了，每每看到他老人家亲切和蔼的笑容，我心中所有的烦恼和疲惫都会烟消云散。”在刘莎的眼中，父亲永远是一座丰碑。“父亲不但是个励志的典范，而且为我们整个家族树立了一个榜样，可以说，我在事业上取得的每一分成绩都离不开父亲的教诲！”

刘莎的父亲七岁丧父，性格坚毅的奶奶担心孩子受委屈，三十岁守寡不再嫁人，带着六个孩子艰难度日。饥荒年代，家里有男主人和劳动力的尚且吃不上饭，何况一个女人带着六个孩子。父亲的哥哥和弟弟相继病死、饿死，奶奶靠讨饭把余下的四个孩子拉扯大。

刘莎说，童年的苦难造就了父亲吃苦耐劳、坚毅的性格，以及与命运抗争永不服输的精神。他勉强上到初中毕业，家里实在没钱供了，不得已退学后开始推车卖菜，进供销社当临时工，后来到县预制厂当工人、当销售员。

父亲是个要强的人，而且爱动脑。他当销售员时，一年的销售额竟然超过全厂其他 8 个销售员的业绩总和，被破格提拔为副厂长，逐渐做到厂长，再到后来自己辞职单干，投身于电力设备防腐行业。凭着虚心好学、刻苦钻研，他带着家乡的父老乡亲在全国各大电厂、电力公司闯出一番事业，成为国内第一批为防腐事业作贡献的人，也成了我国改革开放以来的第一批“吃螃蟹”的人。刘莎说，现在，她的老家河南长垣市已成为中国的“防腐之乡”，占到全国市场 95% 以上的防腐份额。

“父亲没有很高的学历，但他特别爱学习、爱钻研，看到别人干，他就学，不懂的就去书店买书回来研究，他从来不会被困难吓倒，所以专业技术非常强，而且做事雷厉风行，想到马上去做，绝不耽误一分钟。有时他正在和我妈聊天呢，突然想起哪个市场还需要去开发一下，拎包就走了。”刘莎回忆说，20 世纪 80 年代初，他们家就已经有了轿车、电话等“奢侈品”，成为当地首屈一指的富户。经济状况好起来后，父亲及时对刘莎的三个姑姑家伸出援手，关怀备至，让家人们时刻体会着亲情的重要。父亲致富还不忘回馈家乡，老家修桥修路需要集资，父亲总是第一个出资。

“我父亲常说，小时候做梦都想不到能过上这么好的生活，这要感谢国家、感谢党的政策好。因为父亲是有名的大孝子，而且重视亲情，耳濡目染之下，我们姐弟也特别孝敬父母，兄弟姐妹之间特别和睦；因为父亲很爱国，我们姐弟四人在疫情期间不约而同地捐赠了大量防护物资；因为父亲的勤劳、能吃苦、爱钻研，让我这个文科出身的女子也能在工科男人的领域占有一席之地。”说起父亲，刘莎的眼中饱含着深情。

初到秦皇岛，工作生活异常艰辛

父亲的言传身教让刘莎从小就养成了独立、坚强的性格。

1998 年，刘莎从郑州大学毕业后的第二年，她离开了有父母荫蔽的河南老家，追随四川大学毕业的爱人一同来到陌生的秦皇岛工作。刘莎说，那时，他俩都是刚离开校园，不谙世事，又各自离开父母的呵护，工作条件、生活条件都存在着巨大的落差。“以前我从没因为花钱的事儿发过愁，家里可以满足我的一切开销，只要喜欢的东西都可以随便买。可是到秦皇岛后，刚开始工作时，每个月工资只有 500 元，还要租房子，除去房租基本也就不剩啥了。”

刘莎透露，其实当初决定来秦皇岛，母亲是不太支持的。一个女孩子，何必跑那么远到人生地不熟的城市去吃苦呢？可是刘莎并未因此而改变主意，执意来到了秦皇岛。她相信，和自己深爱的丈夫在一起，再大的困难都可以克服。

为了证明自己当初的选择是对的，父母每次问她缺不缺钱、够不够花时她都斩钉截铁地说“够”！然而生活却是实实在在的柴米油盐和穿衣戴帽。

“到秦皇岛的第一年，我没买过一件新衣服，记得最清楚的是，一双皮鞋穿了三个季节，除了夏天，其他季节就穿同一双鞋，后来居然把鞋底磨坏了，这也是我有生以来唯一的一次磨破鞋底。”在刘莎的记忆中，那时候秦皇岛的冬天特别冷，每天上下班站在冰天雪地里等公交车是最难熬的，尽管在不停地跺着双脚，可脚还是被冻得生疼、发麻，即使这样她也不舍得打车。

20多年过去了，现在想起那段苦日子，刘莎还是有些心酸，但她从未同父母提起过这些，不想让他们担心。

“其实，当初我到秦皇岛时，爸爸妈妈是给了我一笔丰厚的陪嫁的，但我和爱人打算拿它将来创业，所以我们生活再困难也从来没动过那笔钱。后来用那笔钱投资了一套房子，转手后挣了一笔，为以后自己创业打下了更扎实的基础。”也许是受父亲的影响，刘莎的商业头脑似乎是与生俱来的，这在她后来的事业发展中愈发凸显出来，并助她走向今天的成功。“在那段艰苦的日子，我常常想起父亲的经历和他说过的话，年轻时吃的苦定会成为人生道路上的一笔财富，所以每一份苦都不会白吃。”

工作没有分内分外，公司的事就是自己的事

初到秦皇岛，刘莎从打工做起，一点点积累着经验。十几年中，她先后担任过TCL秦皇岛经营部办公室主任、秦皇岛昌德地产公司办公室主任、秦皇岛福辰房地产公司总经理、新乡市蒲通建设工程有限公司秦皇岛区域总经理，到现在担任中源建设有限公司秦皇岛区域总经理。但她无论走到哪里，在什么岗位，担任什么职务，她都坚守一个原则：永远都把公司的事当成自己的事！

1998年2月，刘莎击败众多对手被聘为TCL秦皇岛经营部办公室主任，这是她在秦皇岛的第一份工作，她格外珍惜也格外努力，每天坐着公交车穿过半个城市去上班，竭尽全力去做好老板交代的每一项工作。她的勤奋和付出，很快得到了老板和同事的认可。一年后，因怀孕妊娠反应严重，她不得已辞职回家休养。

孩子出生后刚满月，刘莎就马上出来找工作了，并很快被昌德地产公司聘为办公室主任，主管办公室、销售部和财务部工作。刘莎至今都很感激昌德公司对自己的信任，她也把公司的事当成自己的事来做。她说，这或许是来自家庭的影响和自身本性决定的。“作为一个打工者，我从来没把自己当成公司的局外人，而是设身处地为公司着想。今天该做的事今天一定做完，这一秒能完成的绝不拖到下一秒，这完全出于我的本心，并没有想别的。”

由于同时管理三个部门，内通外联的事情较多，有时因工作需要一天上下楼十几次，但她从未表现出厌烦；公司遇到点小麻烦，她比老板都着急难过；她的工作有计划、有条理，每天要做什么事情专门记在一个本上，前一天晚上就把第二天要干的工作按照轻重缓急排序一条一条列好，第二天严格按这个执行，所以工作中没出现过任何疏漏。

从昌德公司再到福辰房地产公司，经过多年打拼后，刘莎凭着自己认真负责敬业的精神，一步步成长起来。不断追求进步的她后来先后加入新乡市蒲通建设工程有限公司和中源建设有限公司，这两个公司在河南乃至全国都是非常有影响力的大公司，主要开展建筑工程、公路工程、水利工程、水电工程、电力工程、市政公用工程等业务，但两家公司在秦皇岛的主营业务是相通的，即以防腐、保温、电力安装工程为主，辐射建筑工程、装饰装修工程、房地产配电等工程。工程项目多，涉及范围广，要想对项目把控精准，作为区域总经理，就需要了解各个环节的操作流程及规范标准。每当一个新项目开始实施，刘莎都一定会坚守在施工一线，和技术人员研究图纸，优化方案，评估安全风险，防控安全隐患，整体把控整个施工流程。刘莎说，那时，在工地上加班到晚上十一二点是常事儿。

“记得那年在热电厂施工，当时我女儿正在上幼儿园，老公出差了。有一天晚上 10 点多了，我突然想起一个施工细节不太放心，马上就开车拉着孩子赶到工地，到工地时，孩子已在车上睡着了。项目经理看到说：

‘您这也太辛苦了！’我当时一愣，这有什么辛苦？这不都是我自己应该做的吗！”刘莎说，父亲当年就是因为这样对待工作，才闯出一片天地的，跟他相比，这点辛苦根本不算什么。

作为一名女性企业家，刘莎的负责态度还体现在许多工作细节上。

在她做防腐工程刚起步时，曾有一个工程需要对一个特别巨大的存储罐进行除锈。为了保证质量，刘莎就亲自戴着安全帽深入罐中去检查每一处细节。巧的是，正好赶上甲方副总视察工地，远远看到刘莎忙碌的身影后吃了一惊，可刘莎当时并不知晓。多年后，当他们二人在一次招标会上再次相遇时，那位老总提起了当年这件往事，并感慨地说，有刘莎这样认真负责的施工方老板，什么工程交给她都放心。后来，他们成了很好的合作伙伴。

2014 年，刘莎所在的中源建设有限公司承接了某公司调度楼通信机房装修改造工程，施工即将结束前，刘莎认真检查了每个工程环节，最后连机房防静电地板下层残留的电线头碎屑她都要求必须打扫得干干净净，她看有的地方打扫得不够彻底，就亲自去打扫。刘莎负责的态度给甲方领导留下了良好的印象，也为企业赢得了信誉。她的公司在秦皇岛经营十余年来达到了安全生产零事故，为业主交上一个又一个优质工程，深得业主认可。

只有大家稳定了，小家才能安宁

2020 年年初，新冠肺炎疫情暴发初期，恐慌情绪笼罩全国。一时间，医用口罩、消毒液出现严重短缺，尤其是口罩更是“一罩难求”。3 月份，国家号召各行各业尽快复工复产，要重振经济。当时，秦皇岛福电实业集团因缺少防护物资，不能如期复工，集团领导心急如焚。刘莎得知这一情况后，马上调动各种人际资源，充分利用家乡河南长垣市是“卫材之乡”的优势，经多方协调，很快就筹措到医用防护口罩 4 万只、消毒酒精 3000 公升，无偿捐献给秦皇岛福电集团，助力企业按时开工。

刘莎说，父亲常教导他们说，是国家的好政策让老百姓富了起来，有国才有家！现在国家遇到了困难，为国家出钱出力义不容辞，企业家在这时更需要负起责任，为国家分忧。“当时我真是发自内心地想要回报社会回报国家，做义工也好，捐物资也好，能做啥做啥。因为我知道，只有大家稳定了，小家才能安宁。”2020 年 12 月，石家庄再现疫情，我市疫情防控进入紧张阶段，为保障孩子的健康安全，刘莎主动为秦皇岛市第七中学捐赠了医用消毒酒精、消毒液、洗手液等防疫物资，为广大师生提供卫生保障。

经过十几年的发展，刘莎所在的企业在秦皇岛有了长足的发展，同时，也在为秦皇岛创建国家环保城市、国家卫生城市、国家森林城市等社会活动中作出了许多贡献，起到示范引领作用。

2018 年和 2019 年，中源建设有限公司先后承担了秦韵家园、铁新里小区、建设里小区、青云里小区、吉星里小区等小区的配电改造工程。此项配电改造主要是响应政府要求，小区居民用电由原企业自营交由电力公司统一经营。“施工前期，需要收集用户资料，用户没按通知到收集点上交资料的就需要我们一户户上门收集。这些小区基本都没有电梯，需要爬楼，一天下来催收人员腿脚发软。白天家里没人的，晚上上门，几千户的资料我们一份没少的全部收集到位。”刘莎说，施工期间，

南山电力博物馆施工现场

因为施工区域要限时断交、断电，百姓生活难免不便，他们尽可能前期通知到位，施工做到精心部署、考虑周全、衔接紧凑、快速完工，把给居民带来的不便减少到最小，受到了居民的普遍夸赞。

2019年，秦皇岛市政府联合秦皇岛电力公司实施国家能源部推行的清洁能源项目，为减少污染，农村城镇冬季取暖，燃煤取暖改为用电取暖。中源建设有限公司承担了秦皇岛市抚宁区钟庄、东街、南望庄、铁南等高低压线路的改造工程。2020年又承担了秦皇岛市东港镇煤改电工程。

这两个工程具备几个共同点：时间紧、任务急、工期短、对工人专业技能要求高。又因施工时北方地区都在同步进行煤改电工程，专业技工严重短缺，整个北方地区都在“抢”工人。特别是在施工期间，又遇到了秦皇岛近几年少见的极寒天气，冰天雪地，数九寒天，干活伸不出手，工人短缺，又需要和几个部门配合施工，工作难度之大，可想而知。刘莎说：“面对困难，大家都有一个共同的目标，无论如何，排除万难，都要如期交工，绝不拖延一天工期。我们冷，老百姓取不上暖更冷，我们早一天交工，老百姓就早一天取上暖，就少挨一天冻。”最终，大家齐心协力战胜了困难如期交工，受到了政府和百姓的一致好评。

把自己活成一道光，照亮自己，照亮别人

作为一名女企业家，相对于男性来讲，付出的无疑要更多一些，因为她们一头担着家庭幸福，一头还要挑起工作重担。但是，刘莎却很从容地协调好了事业、家庭、母亲等角色。她总结说：“作为一个新时代女性，我认为女人不能只局限于妻子、母亲的角色，而应该拥有自己的事业，努力成长，发挥出自己最大价值。把自己活成一道光，照亮自己，照亮别人。巾帼何须让须眉，女人也能顶半边天。”

回首20多年在秦皇岛的奋斗经历，刘莎感慨很多，首先，得感谢爱人对她事业的支持。当年，刘莎毅然决然地随爱人来到陌生的秦皇岛，他们夫妻二人在生活中互敬互爱，在事业上相互支持，比翼齐飞，遇到困难彼此鼓励。现在，爱人的事业也越做越大，并将业务开展到四川、湖北等地。刘莎的两个孩子，一个在读大学，一个正在上中学。她从小就培养孩子养成了良好的生活习惯和学习习惯。"在家里孩子学习我看书，营造一个好的学习氛围，彼此陪伴，互不打扰。每周带孩子游泳两次、跑步两到三次。我平时有时间就看看书跑跑步，我觉得运动和读书是一个人毕生要交的两个朋友。"

从1998年来到秦皇岛，生活了这么多年，也奋斗了这么多年，刘莎的事业在这里起步、生根和发芽，她对秦皇岛这座城市也充满了感情。她说，下一步，她的企业还需要再拓展一下经营项目，扩大一下市场。而作为市女企业家协会副会长，她表示要在这个温暖的团体中，与姐妹们相互帮助、相互支持、相互协作，并通过女企业家协会参与到更多的社会事务中去，为第二故乡秦皇岛的发展作出更多贡献。

始终奔走在“向美而生”的路上

文 / 孙也达 师源

在河北省秦皇岛市，提起美容整形医院，大部分人第一时间会从口中蹦出“纪辉”两个字，这个以自己名字命名的整形美容医院，致力于打造女性独特的美。

在纪辉走上整形美容之路前，她首次创业是开了一家小美发店，那是她“向美而生”的起点。“当初创业，我就是想和‘美’沾边，美妆在当时还不普及，但美发却已渐渐走入大众的视野。”纪辉说。1997年，当了几年美发学徒工后，她东拼西凑了几万块钱，开了一个小小的美发店，一把椅子、一张床，没有员工，她一个人撑起了这个小店。

从小爱美的纪辉对美发很有悟性，也喜欢研究，什么新鲜，什么时尚，她就做什么，小小的美发店也渐渐生意红火了起来，越来越多的顾客成了回头客，大家都认为纪辉懂得美是什么，也会把抽象的美具体到每一缕秀发上来。

生意好了，挣钱也就成了水到渠成的事情。2000年之后，还了亲戚、朋友的钱，纪辉手里也有了几万元存款。按理说，继续把小美发店经营下去，纪辉也能过上衣食无忧的生活，但2001年的一个决定，让她的事业转变了方向。

“当时我就想，我的生活就是这样吗？这就是我要的未来吗？”纪辉不断地问自己，安于现状是否是她想要的生活，在追求“美”的路上，是否还要更进一步。

经过半年多的思考，纪辉决定跳出舒适圈，她要继续“向美而生”。她不仅要做美发，还要做美体、美容。

2002年年初，带着自己的全部家当——3万多元，纪辉踏上了开往西安的列车，那里的美容培训学校一直都是她向往的学习之地，她要从那里学成归来、再次启航。

“把美发店变成美容美发店绝不是我心血来潮，当时秦皇岛已经有这类店铺出现，这是发展趋势，单纯做美发，将来的路会越走越窄。”纪辉说。在西安学习的几个月里，她一边学习一边打工，“学美容美发很费钱的，我带去的那点儿钱很快就花没了，打工不仅可以让我挣足够的钱完成一整套课程，还让我有了实践理论的场地。”

就这样，纪辉一边打工一边完成了学习。回到秦皇岛后，由于启动资金严重短缺，纪辉并没有立刻创业，而是选择先打工，积累创业原始资金，并且打磨自己的手艺，同时调查秦皇岛市美容市场行情。

2003年，经过近一年的打磨，纪辉的美容技术愈发成熟，在男友的鼓励下，纪辉决定出来单干。

投入自己的全部家当，再加上从亲戚朋友那里借来的钱，共计15万元，纪辉开始二次创业。经过几个月的“折腾”，80平方米的纪辉美容美发美体店开业了，纪辉在“向美而生”的道路上迈出了第二步。

新兴实物的发展往往布满荆棘、风雨飘摇，有人被海浪永远地拍入海底，有人则能乘风破浪发现新大陆，纪辉会走向哪个方向？

“我当时也不敢保证我能成功，只能走一步看一步，但我不害怕失败，大不了我再回去开我的美发店，我学到的美发技术永远是我生存的本钱，哪怕打工我也能养活自己。”纪辉说，她认为当时秦皇岛美容美体市场是一片空白，南方城市和北方的大城市在这一领域已经相对成熟，而且市场活跃度也很高，她觉得自己只是顺势而为，并不是盲目前行。

带着信心，纪辉上路了，但2003年的“非典”疫情给了她当头一棒。

当时虽然没有出现大面积企业停工、商场停业的情况，但人们出门逛街的频次却大幅度减少，纪辉美容美发美体店所在的太阳城商业区冷冷清清。

这时，很多人都开始放弃，但纪辉没有，她第一时间调整店内空间，减少营业面积，增加免费服务项目，拉拢客源。

“非典”疫情过去，纪辉的“寒冬”也随之过去，因为少了很多竞争对手，纪辉美容美发美体店自然很有优势。2007年，纪辉成了美容美体圈内小有名气的女老板，但她竟然第二次跳出舒适圈，选择第三次创业。

纪辉常用一句话自省：“不要用战术上的勤奋，掩盖战略上的懒惰。”什么是战术上的勤奋？就是每天不断提高美容美发美体店的营业额！什么是战略上的懒惰？就是不能只想着提高美容美发美体店的营业额！

“美容美发美体店是典型的生活美容，门槛低，将来竞争会越来越大，必须找到高门槛的领域，尽早进入，占领高地，才能先人一步抓住商机。”纪辉说，她要从生活美容向医疗美容转变，建整形美容医院。

如果说从美发店到美容美发美体店让纪辉成了秦皇岛市第一批“吃螃蟹的人”，那建整形美容医院则让她成了第一个“吃螃蟹的人”。

当纪辉把她的想法和周围人表达之后，质疑声接踵而至。但纪辉没有退缩，她觉得她在紧跟大城市整形美容产业的发展步伐，她只是比别人超前一步，而不是盲目向前。

“比别人超前一步的确能把握先机，但同时也更容易‘踩雷’，要想成功，我不仅要比别人付出更多，还要更加小心。”纪辉说，当时她做所有计划都要多问自己几个“还有啥”。

而纪辉如何回答自己，则需要“仔细”和“专业”两位“老师”的帮助。

其实早在西安学习期间，纪辉就已经显示出比同龄人更成熟的思维方式。她当时不仅刻苦学习，还在不断思考着自己的优势。

“我擅长文绣，所以我在西安时特别注重这方面的学习，不是有句古话说，一招鲜吃遍天嘛，我就是要找到自己最强的‘武器’，才能保障自己有一招制胜的本领，在竞争中脱颖而出。”纪辉说。

在随后开美容美发美体店时，纪辉在传统的文眉工艺基础上，在前期增加了洗眉工序，不仅让顾客感觉到物有所值，更让纪辉树立起了自己的品牌。

“当初面对‘非典’疫情的冲击，我只能利用专业的知识让客户信任我，从而吸引顾客成为回头客。”纪辉说，虽然当时她还不知道马云那句“得用户者得天下”，但她知道做生意最需要人气儿。

在开办整形美容医院初期，纪辉一直在想一个问题——什么是整形美

容医院？

“这个问题里面包含了太多的东西。”纪辉说，医院要有医疗资质，要有门诊、住院部、检查室、手术室，等等，除了这些明面上能直接“抄”的东西外，专业的整形技术可不是看看就能“抄来”的。

为此，纪辉从南方高薪招聘来一位整形专家，让其在医院内当老师、带学生。“你猜猜 2007 年我每月需要给专家多少钱？”纪辉问。答案是 8 万元，这个数字即使放在 2021 年，在秦皇岛市也绝对是稳稳的高收入。

在解决了医院建设初期的专业问题后，她发现从生活美容转向医疗美容的过程中，客流量保证不了了。

2014 年，她大胆地站在用户的角度开始转型——建设单店综合体模式。什么叫单店综合体？就是生活美容医疗化，医疗美容生活化。“以前行业里有个大问题，做生美的觉得利润不高而转向医美，可医美又无法市场化，大家都在自己的体系里赚钱，既保证不了顾客量，又保证不了服务质量。”

医疗美容生活化，意味着降低了医美的“门槛”，让最专业的医生，用更亲民的价格，为顾客解决问题；而生活美容方面，综合体超预期地满足顾客的需求，将传统生美的“产品 + 手法”升级为“产品 + 手法 + 仪器”，做 1 次相当于平时做 10 次的效果，顾客花生活美容的钱，就能收到医疗美容的效果。

“为什么我们宁愿把获客成本给广告公司，也不愿给消费者呢？”定价低了，顾客便有了真实和自由的选择。当然，用亲民的价格拉动顾客，不意味降低服务标准，更不是一种营销手段，而是用户思维和企业经营思路的融合。

在医美行业，二线城市的获客成本在 3000 ～ 5000 元 / 人，而纪辉整形可以控制在 10 元以内。“传统获客方式是打广告，看到店率、咨询电话数量，但我们的计算方式是用户占有率、普及率。”

如今，纪辉整形的顾客上门量从原来的一天 30 ～ 40 人增长至现在的四五百人。通过经营方式的调整，日均客流量增长了 10 倍以上，而这，只花了 3 年的时间。

纪辉分析：“一家房租 100 万元、有 20 张美容床的门店，一天接待 20 位顾客和接待 200 位顾客，房租成本是一样的。企业经营者要懂得算大账，规模出效益。”美容行业有一个先天优势，就是高频次消费。一旦消费者有了好的体验感，正向循环之后，复购率自然上升。

除了这些直观的改变，单店综合体模式还让员工更加团结，凝聚了人心。以前行业培训多，员工压力大，工作强度高。纪辉做了一系列减法之后，随着企业盈利，员工收入自然也增长了，现在纪辉整形的员工薪酬是过去的 3 倍，员工的积极性更高了。

从谋划到成功转型，她用了近 6 年的时间。事实证明，她的成功判断，让如今的纪辉整形完全实现了数字化经营。“企业走到后期，经营就成了最大的学问。”纪辉说。

纪辉希望自己能做一个真正在用户心中有价值的企业，她常对员工说：“你的收入低，业绩拿不到第一，不要去想什么技巧，关键在于，有没有让更多顾客信任你。”衡量一个企业好与不好，要看用户数量能否持续增长，“市场打不赢，一切等于零”。

因此，抓住用户的心才是关键所在，单店综合体的一切变革都是围绕这个需求出发的。

打造综合体第一步，是让用户市场化。她将品项和定价全部做了调整。“任何一个企业，尤其是服务行业，第一满足的永远是消费者的需求，第二满足的是员工的需求，第三才是企业的需求，经营者需要有这样的思维。”

在项目设计和价格上，一切以用户需求为中心。以玻尿酸为例，进价约四五百元，而在层层因素的影响下往往能卖到 1000 多元。玻尿酸本身是一个高频次使用的产品，需要经常注射，在毛利空间过高的情况下，会导致消费者因负担不起而选择没有安全保障的小工作室去注射，最终结果破坏的是整个行业的生态。

在她看来，任何行业，只要能形成市场化，其所有产品的利润空间都应是合理的。比如500元进价的玻尿酸售价600元，这便是合理的利润空间。也许顾客今天来只是想注射一支玻尿酸，当感觉价格合适、体验感良好后，可能还想再做个水光针，无形中开发了她的第二需求、第三需求。当消费频次上来，必然形成客单价的增长。

这就是纪辉想要的结果——用符合市场规律的定价来形成规模。“老板没有规模的概念，赚的钱只能是暂时的，无法长久。”

在科学定价的基础上，第二步便是营销，即体验式服务。营销的核心是，不推顾客不需要的大项目，让顾客真正感受到收费透明、价格合理、医生专业，做到用户消费价值最大化，从而形成自然转换。流量进来后的转换 + 客单价，就是店内的营业额。

另外，她还用互联网思维赋能美容业，用私域流量打造数据化经营。生活美容拥有私域流量的先天优势，如果能成功地在生美获客，再导流至医美，能够降低医美的获客成本。流量由“公”到“私”，是纪辉整形经营思维的重要转变，意味着企业开始由“流量收割”转变为“客户经营”模式。

表面上看，纪辉是在做转型。然而，借助百度 + 美团 + 大众点评 + 小红书构建的生态系统做内容输出，针对性地传递给私域流量用户，精准触达，完整承载与消费者之间的大部分互动，自然形成增长和转化，并通过不断扩增的数据，实现流量复购和市场扩张、下沉。

很多同行朋友到纪辉整形参观后，都惊讶于它的流量，在听完纪辉的经验分享后，甚至希望把团队也带来深入学习。新冠肺炎疫情期间，有人向她建议：“这几个月不少美容院都垮掉了，你的模式既然已经这么成熟，应该可以帮到更多人，能不能把经验向行业分享？”

她心动了，一路从迷茫的困境中走出，纪辉太明白这个阶段中小企业家的痛苦心酸。“越是危难时刻，我越该站出来”，让更多人获得一份希望和力量。

在大家的推动下，以纪辉为主的管理团队在 2020 年 8 月通过私董会的形式，向行业毫无保留地分享流量增长的秘诀。她用自己的实际行动向行业赋能，推动大家抱团取暖，共同解决经营成长的困惑。

女性的包容、敏锐、开放，促使纪辉完成这次变革和创新，更让她看到了商业的本质。一切从用户出发，最后又回到用户。“当今时代，企业已经不能再靠营销来解决问题，当你形成这样一套闭环，你的经营堡垒才能真正稳固。”纪辉说。

20年打造秦皇岛饮用水行业一流品牌

文 / 刘迅

执着坚持、刻苦钻研，是杨艳玲成功的秘诀。

很多和杨艳玲合作过的人都对她的敬业精神印象深刻。2014年，旭亨公司与秦皇岛报业传媒发展有限责任公司开展合作，在全市范围内开启“喝水+读报”模式。合作之初，双方代表数次洽谈，时任秦皇岛报业传媒发展有限责任公司发行投递公司副经理的刘先生回忆说：“推开杨艳玲办公室的门，展架上、桌子上、地面上，目之所及处全是水瓶，高的矮的、胖的瘦的，无所不有。别人出去是旅游，她出去是为了研究水。”

在杨艳玲的带领下，秦皇岛旭亨饮品有限公司不惧市场挑战，一路开疆拓土，如今已成为当地饮用水生产领域一流企业，而收集各式各样的水瓶依然是杨艳玲的习惯。“这都成了我的职业病了！到世界各地考察出差，人家都喜欢大包小包地往家里拎当地特产，只有我，行李箱里鼓鼓囊囊全是大大小小、各种各样的瓶装饮用水。”

回想自己30多年的创业经历，杨艳玲说：“我在单位里上过班，还学过美容美发，卖过摩托车配件，做人就是要有一股闯劲儿，要踏踏实实地干、认认真真地学，执着坚持，与时俱进，机会来了才能抓住。”

2000年，市场上最流行的是纯净水，杨艳玲凭借对饮用水消费市场敏锐的洞察力，她毅然“剑走偏锋”，选择矿泉水作为“绿之源”的主打。

“当时，我误打误撞地来到了一家销售制水设备的展位前。那个销售代表太有感染力了，一通介绍下来，我满脑子全是他们产品的各种优势——什么工艺精啦、产能大啦、成本低廉、利润可观啦。头脑一热，当场就交钱定下了一套设备。”杨艳玲说。

“还没有进行市场调研，懵懵懂懂地，设备已经先有了。等我们回到秦皇岛，找懂行的朋友一打听，立马傻眼了。为啥？人家一介绍，才发现开个水厂不是那么简单的事：秦皇岛就这么点儿地方，大大小小的水厂竟然有五六十家，市场竞争相当激烈。”回忆起往事，杨艳玲笑着解嘲：“而且最重要的是，此前根本就没有想到，水厂经营竟然涉及生产、销售、配送、售后服务这么多复杂的环节。”

自己的选择，再苦也要坚持下去。没办法，杨艳玲拉上了妹妹和妹夫，又雇了几个工人，拉开架势，水厂上马了。可开张没多久，一个个“没想到”又接踵而来，卫生、质监、工商、地矿各主管部门纷纷找上门来。为啥？无证经营。一番焦头烂额的交涉，执照总算办了下来。

“开拓市场那几年，业务员、接线员、送水工，什么工作都干过。”杨艳玲说，日子虽苦，但创业的激情让她感觉乐在其中。

有一天晚上8点多，山海关一户人家打来电话，要送两桶水。刚开始客户少，好容易来一个，像捡了宝一样。忙不迭向朋友借了辆车，兴冲冲送过去了。一番折腾，回来时已将近半夜。

过年人手紧，杨艳玲和妹妹就骑着摩托车挨家挨户去送水。“那时候真是‘女汉子’，30多斤的水桶，两个人一口气能扛上6楼。”

“然而，相对于市场竞争带来的巨大的精神压力，那些身体上吃的苦头已经不算什么了。”杨艳玲说，由于门槛低，秦皇岛地区的桶装水厂遍地开花，市场一度处于极度饱和的状态。许多小厂为了抢占市场份额，不惜将价格压到正常值以下，有的甚至恶意造谣抹黑竞争对手。

杨艳玲把那几年水厂恶性竞争和重新洗牌的时期称为“水战”。

2004年，发生了一件让她终生难忘的教训。某日一大早，公司员工突然发现这样一则虚假“广告”——“旭亨的水不合格”。

一夜之间，虚假“广告”贴遍了大街小巷。杨艳玲一下就蒙了，立刻组织员工上街去撕，没想到公交站、居民楼楼道内、电梯间甚至社区的树木和电线杆上到处都是，哪儿撕得过来？那段时间，公司的销售遭受了巨大打击，一些不明就里的老客户纷纷退订，旭亨员工一出现在社区，就会遭到群众的白眼和背后的指指点点。

虽然事后证明那是竞争对手的恶意造谣陷害，但闹得满城风雨的“不合格事件”给杨艳玲上了代价沉重的一课。痛定思痛，她重新思考公司的长远发展之策：“商场如赛场，只有紧紧抓好产品质量和服务，才能成为真正的胜者，领跑市场。”

此后，随着国家食品质量安全认证体系的逐步严格，依靠过硬的质量和精细的服务，旭亨公司凭借旗下“绿之源”矿泉水和“珍味美”弱碱水一举成为当地饮用水生产一流企业。

品质与服务并重，20年打造一流品牌

一只水桶，经过40多次全方位无死角清洗，方可二次使用；全封闭的制水车间里，来自地下深层、经岩层重重过滤的优质水源，再经过现代化设备的上百道工序方可灌装成品……杨艳玲常说，产品的质量就是最好的宣传。“水是万物之源。可以说，没有健康的水，就没有生命的存在。为了保证每一滴水都能闪动健康和营养的光芒，我们首先要做的就是把好水源第一道关。”

引领消费观念的市场定位、先进的服务理念、一流的生产设备、完善

的销售网络，这些正是杨艳玲手里的常胜王牌。

在杨艳玲心里，食品行业，首先是良心产业，之后才能去想关于利益的事情。杨艳玲一直尊奉“做食品，要对得起自己的良心，自己卖的水，自己一定也要喝”这样朴素而真诚的信念。

在杨艳玲的带领下，旭亨公司在质检工序、流程控制、原材料严格把关等方面都加大了投资。生产人员定期体检，专业培训后方能上岗；不惜提高成本购进防伪桶盖；对于质量，层层把关……这些制度保证了为市民提供健康卫生安全的饮用水。

杨艳玲说：“这样做，企业的利益也许会减少，但是，质量是企业的生命，如果生命没有了，其他的都只是空谈。”对产品质量的严格把关成为杨艳玲迈向成功的坚实基础。

2013 年，旭亨公司在柳江盆地祖山国家地质公园内找到一处优质水源，投资 5000 多万建起了占地面积 40 亩的河北省最具现代化的高标准桶装水生产基地。“来自地下深层的水源经过层层岩石过滤，达到了低矿化度纯天然弱碱水标准。”杨艳玲说。

可重复利用的水桶材质的优劣，也会直接影响到桶装水水质的好坏。为了保证水桶质量，旭亨公司一直坚持用聚碳酸酯全新原料，没有一克回收原料，并且坚持派人驻场监督生产。近几年，随着对品质要求的进一步提升，公司亲自采购德国拜耳原料，委托桶厂生产。“一般小厂家的一只水桶成本一般为 10 元，旭亨的成本就高达 30 元。”

此外，作为我市饮水业界先锋的“绿之源”，在企业管理、营销创新、技术革新方面依然保持着学生的态度。根据市场发展的迫切需要，形成了“走出去，请进来”新型营销模式，杨艳玲多次带队去济南饮用水龙头企业“普利斯”交流学习，在技术研发、营销模式创新、服务团队管理等方面得到不断充实和完善，使“绿之源”一直走在了行业的最前端。

“珍味美·弱碱水”是旭亨公司的高端产品，这款水的 pH 在 7.3 ～ 8.5 之间，对人体健康有益，制水过程复杂，成本也高出不少。

2009 年 9 月 27 日，工作人员在进行成品检验时发现，一批产品的 pH 是 7.1，距标准差了 0.2。

“马上全部倒掉！”杨艳玲下达了指令。

“太可惜了。偶尔一次，差的也不多，再说客户也未必喝得出来，算了吧。”有人这样建议。

“说实话，我比你们更心疼，但质量就是我们的生命，旭亨决不能拿生命赌博！”杨艳玲态度坚决。

既保产品质量，亦重服务品质。“这么多年，旭亨一直对客户坚守着一个承诺，不管刮风下雨、严寒酷暑，60 分钟之内保证送到客户家中，否则免费喝。”杨艳玲说。

杨艳玲之所以敢作出这样的承诺，是因为她为旭亨公司打造出了一支高素质服务团队。旭亨公司在秦皇岛市内有近百家配送网点，配送车辆达数十台，有一支素质过硬、高度机动化的送水队伍，有专业清洗维修人员提供饮水机清洗、消毒、维修等服务。在这支 100 多人的优秀团队中，连续工作 5 年以上的老员工占比 60% 以上，他们爱岗敬业、勤劳朴实，有的父子同上阵，有的夫妻共拼搏，他们靠自己的双手创造价值，每人每月最少的能赚到 6000 多元，最多的能赚到 10000 多元。对他们来说，成为旭亨公司的送水员是一个值得珍惜的机会，让他们能够通过努力和汗水“赚大钱”，他们对杨艳玲尊敬、感恩，因为这个机会源于杨艳玲的另一个创业理念——合作共赢。

“和其他一些同类型企业相比，旭亨公司花在员工

身上的钱要更多。”杨艳玲说：“送水员可能没有多少本领，但他们不怕累、能吃苦，我不怕他们多赚钱，他们赚到了钱才会更加珍惜工作岗位，才会更加用心，100 多个人劲儿往一处使，公司的整体服务水平就能不断提升。”

这家企业有点儿暖

杨艳玲对数年前的一次考察印象深刻。“下了出租车，司机服务非常周到，我能感觉到，那个司机是真正站在我们乘客的角度上去服务的。”从那之后，将心比心、合作共赢成为杨艳玲和旭亨员工的相处之道。

杨艳玲把每个员工都当成家人，把员工的家人当成自己的亲人，她制定了十年奖励机制，奖励工作十年整的员工，每人一根金条，感恩这十年来员工的付出与努力。杨艳玲还大力奖励孝善敬老、乐于助人的员工，每一年的年会她都要请全体员工一起吃个团圆饭，她还会组织演出一台丰富多彩的节目与员工同乐，其中最具特色最能引爆全场的往往就是杨艳玲一家人主演或参演的节目。

在杨艳玲的带领下，旭亨公司体现出与众不同的凝聚力，而这份凝聚力的核心自然就是杨艳玲。

熟识杨艳玲的人都知道她不善言辞与交际，但却会悄悄地把每件事都做到实处。孝亲敬老，细心地照顾老人的生活；珍惜亲友，每遇节日或重大事件总会收到她的祝福与关心；关爱员工，每个遭遇病困的员工都会得到她无私的帮助与关爱。

杨艳玲可以说是一个永不止步的人，从最初的不满足于现状，经过逐步积累，进而蜕变，这些年来，杨艳玲不断重复着从量变到质变的过程，这是她勇气和追求的外在体现。她的精神无形中给旭亨公司全体员工树立了一个榜样，旭亨公司的员工，哪怕只是一个普普通通的送水员，也一直充满活力，对生活充满希望和信心。

“10多年前我刚来秦皇岛时，也换过许多工作，直到加入绿之源，才算是站稳了脚步，从一个送水员做起，慢慢地晋升为片区经理，我家的新楼房都是自己一桶水、一桶水扛出来的。”旭亨公司片区经理邓国富言语间充满感激之情。与邓国富一样，很多人都是从旭亨起步，借助公司的平台一步一个脚印，自己慢慢做大做强，承包送水片区，晋升当经理，买车、买房，娶妻生子，与公司共同成长。

“任何企业，都不能只考虑自己公司的利益，社会利益和社会责任也同等重要的。”杨艳玲凭借女性的柔美善良、企业领航者的社会担当，实现着自我尊重、自我实现的精神升华，践行着企业的社会责任。

建立党支部，免费为人大政协会议提供用水；捐助贫困学子，为孤儿院捐衣捐物捐钱；积极参与并赞助体育赛事；举行“十佳丈夫”“十佳孝亲敬老”评选等各种公益活动；“爱心助学接力”，为贫困学子提供就业岗位；为奥运献力；为大地震捐款……

杨艳玲说：“爱我家乡，爱我城市，爱我百姓，我是秦皇岛的企业，我为秦皇岛人民服务。企业是我毕生的事业，在享受回报社会回报百姓的过程中，也是我个人人生价值的体现。”

2000年至今，杨艳玲带领旭亨公司一直帮助社会上需要帮助的个人及群体，努力为社会献出一份爱心。2008年，旭亨公司为大乐安寨学生捐款4000元；2009年，为大学生“爱心助学接力”提供20多个就业岗位，为贫困学生刘芸芸捐款1万元；2009年至2010年4月期间，为玉树灾区捐款1万多元；2010年至今，每年高考期间都免费为考生和家长提供饮用水；2010年至2014年，为河北建材职业技术学院贫困学生捐款6000元；2011年2月，为张赵庄村尿毒症患者刘满全捐款9000元；2012年6月1日，为光明孤儿院捐物捐款1万元；2013年4月，为四川雅安、芦山地震灾区人民捐款2万元；2014年3月，为贫困家庭早产婴儿捐款1万元；2014年9月，为贫困家庭烫伤的3个月大的婴儿捐款1.1万元；2015年，杨艳玲先后两次前往光明孤儿院看望那些失去家庭的孩子们，并赠送给孩子们1000多件衣物和许多生活用品……

值得一提的是，旭亨公司还承担起了秦皇岛市城市应急供水的重任。2018年6月30日早上6点，旭亨公司接到秦皇岛市文博城小区物业电话，因管道维修，小区部分居民家停水。绿之源珍味美城市应急供水小组立即启动，为文博城小区居民免费送桶装水，一天内免费为居民送水500余桶，价值1万多元。2017年2月21日，因主管道维修，海港区海洋香都小区停水两天。绿之源城市应急供水服务队闻讯而动，两天时间免费送水4000余桶，价值6万余元……为支持秦皇岛市城市应急供水工作，旭亨公司自2014年至今已免费送出4万多桶水，价值80多万元。

多年来，杨艳玲视公益事业为己任，为社会、为家乡、为父老乡亲付出了爱心，温暖了灾区人民，温暖了孤独老人，温暖了贫困儿童。正因为这一系列的回报社会、打造企业文化的举动，“绿之源”越来越受到社会各界的认可和喜爱，知名度和品牌价值不断攀升，公司的新产品——“珍味美·弱碱水”更是被评为河北省优质产品和用户满意产品。

打造港城第一健康品类平台

对于桶装水，杨艳玲始终牢牢坚守着“生产健康水，做好良心产业”这一信念。为了保证饮用水的质量，她选择最好的水源地建设水厂，天然的地下泉水，严谨的生产工艺，使公司的“绿之源”“珍味美”两大品牌深受消费者青睐。

通过多年的努力，杨艳玲所创立的旭亨公司获得众多荣誉，先后被评为“守合同、重信用”企业、2009年度河北省饮用水行业优秀企业、诚信中国行诚信建设工作先进单位、秦皇岛市文化产业发展协会常务理事单位、秦皇岛服务奥运城市运行工作合作伙伴。

旭亨公司旗下明星产品“绿之源·福泉”同样得到广大群众的肯定，它先后被评为2006年河北食品著名畅销品牌，2008至2009年度“秦皇岛市民最喜爱的行业先锋”，河北省第六届、第七届、第八届消费者信得过产品，“2006年秦皇岛国际徒步大会”唯一指定饮用水，2007年特步中国女子篮球甲级联赛（博辉秦皇岛赛区）指定饮用水，第十一届河北省运动会海港区赛区指定饮用水，第六届河北省全运会秦皇岛赛区指定饮用水。

目前，旭亨公司已拥有每小时2000桶的饮用水生产流水线和100多家配送站点，覆盖秦皇岛市、天津市、唐山市以及辽宁省多个地市。事业的成功并没有让杨艳玲止步，作为旭亨公司总经理，她始终明确自己的目标，那就是“打造港城第一健康品类平台”。近年来，旭亨公司销售平台上的产品不断丰富，除了桶装水、瓶装水，还引进了汤臣倍健这个健康产品，成为秦皇岛总代理，又引进了浩泽净水器、水遁爱心直饮机等项目。每一款新产品的引进，都标志着杨艳玲离她的人生理想更近一步。

拼搏奋斗，合作共赢。经过多年奋斗，杨艳玲已得到越来越多人的认可，她相继被评为秦皇岛市女企业家协会副会长、秦皇岛市食品协会副会长、河北省饮用水行业优秀经理、河北省十佳杰出创新女企业家、秦皇岛市十大杰出女性、秦皇岛市爱心使者等荣誉称号。

杨艳玲的理想已逐渐成为旭亨公司全体员工的共同理想，就像她对员工们说的那样：“我们是健康使者，我们是健康的守护者，我们要为每位客户带来健康，为每一位客户带去价值，只有这样我们才能得到客户的认可和信赖，才能获得丰厚的回报，才能得到社会的尊敬！健康让旭亨人拥有财富，健康让旭亨人更受尊重，健康让旭亨更加繁荣富强！”

“吃好菜有我”

文／高扬　孙静

个人简介：

张华女士于1995年创办五粮液酒家，经过27年的发展，五粮液酒家不断发展壮大，现已成为拥有员工200余名、营业面积超过7000平方米的五粮液大酒店有限公司，成为秦皇岛市赫赫有名的餐饮企业。

张华被称为秦皇岛餐饮界的“女强人”，除了主导五粮液大酒店的经营管理工作外，还担任了秦皇岛市烹饪协会副会长，邯郸商会副会长，工商联理事，秦皇岛市第十二届、第十五届人大代表，秦皇岛市女企业家协会副会长，秦皇岛市政协委员等职务。

因为热爱，所以执着，在自己喜爱的餐饮行业，张华一直追求“吃好菜有我”的目标。踏破坎坷，奋力拼搏，实践着自己的理想，带领广大员工勇于进取，在酒店的日常经营工作中外抓市场、内抓管理，推出了一个又一个新的举措。如今，五粮液大酒店已成为秦皇岛市餐饮界中的一名佼佼者。

五粮液大酒店于2013年4月份通过全国酒家酒店等级评定委员会审查评定，成为我市首批五钻级酒店，是秦皇岛市餐饮行业的一颗明珠。

秦皇岛海港区有两家五粮液酒店，一个在红旗路上，一个在文博城附近，都叫五粮液酒店，于是人们只能冠以新老二字来区别这两家店。相信，很多秦皇岛人没少在这两家五粮液饭店吃过饭。

谈起酒店的发展历史，五粮液酒店董事长张华如数家珍，娓娓道来……

舌尖上的创业路

张华是半个四川人，出生在一个军人家庭。

“我的父亲又高又帅，是典型的北方人，参加过解放战争时期的淮海战役、渡江战役等很多大战役，还去过西南剿匪。解放四川后就落户在了梁平，在那里娶了我的母亲。”

提起父亲，张华很骄傲，看得出，在张华的心目中，父亲就是她的榜样，而那股军人敢拼敢闯的劲儿，也融入了她的血液中。

张华的母亲则是土生土长的四川人，在天府之国的美食文化滋养下，母亲做得一手好菜，张华兄弟姐妹五人围在一起，品尝母亲的手艺，是张华童年最美好的回忆。闻着炉灶台边的鱼米香，就这样潜移默化地，张华心中播下了喜欢烹饪的种子。

人情重怀土，飞鸟思故乡。结束了多年军旅生活的父亲，随着年龄的增长，思乡之情愈切，1974 年，他决定举家北迁，回到自己的故乡——河北邯郸，那年张华刚刚 10 岁。

初到北方，气候不适应、饮食不习惯、语言不通……处处都是难过的关。但时间能改变一切，随着毕业、就业、成家，张华已经在北方扎下了根，成为一个真正的北方姑娘。原本以为日子就这样安安静静地过下去，却没想到，哥哥通过人才引进来到了秦皇岛，为了与家人在一起，命运再次把张华牵引到了这座海滨城市——秦皇岛。

两次举家搬迁，从遥远的大西南到如今的渤海之滨，或许这就是注定的缘分，谁也未曾想到，这里等待着张华的是一份让她投入毕生精力去奋斗的事业。

来到秦皇岛后，张华面临着新的人生抉择。哥哥和嫂子给她一个建议：“试试去创业吧，女孩子可以去开美容院，或者开一个饭店。”

家人为张华指点了创业的理念和方向，并拿出一部分积蓄作为启动资金。“给了三只羊，我才能养出十只羊。”至今，想起过去的事情，张华依旧感谢家人的鼎力相助，家人们为她提供了发展的平台和机会，才让她有了今天的事业成就。

在家人的支持下，张华选择了下海经商开饭店。“我觉得我对做饭感兴趣，而且相信自己能干好。”于是，1995 年的秦皇岛市红旗大街上就多了这么一家小饭店——五粮液酒店。

说起“五粮液酒店”这个名字，还真有些渊源。

“我家是四川人，我们对四川有着深厚的感情，五粮液品牌已传承千载，在四川家喻户晓，我希望借这个品牌的效应，把酒店办成响当当的名牌。”

于是，张华辗转向宜宾市商业局提出申请，最终得到四川省宜宾五粮液集团有限公司的许可，既代理了五粮液酒的专卖，又能以“五粮液”命名酒店。

如今全国只有三家酒店可以用“五粮液”命名，一家在宜宾，一家在成都，北方只有一家，就在秦皇岛。前瞻的眼光、判断的敏锐，不得不说，有些人天生就是做经营酒店的材料。

万事开头难。既没有经验，又环境生疏的张华，开始了她摸爬滚打的创业期。

讲起那段经历，张华依然感慨万千：“做餐饮行业，其实很辛苦。老店刚开业那会儿，我亲自去买菜，大冬天的，北风呼啸，冻得我流眼泪，如果只是身体的冷，我还能承受，最令人无法承受的是店里冷清。”

刚开业不久，有一次店里连续三天没有一个客人就餐，张华猫在雅间里哭了一鼻子，然后擦干眼泪，强颜欢笑，该干啥还干啥。

收入难以为继的日子是难熬的，那时张华每个月都是拿着自己家多年的积蓄给员工开工资，这样的贴补持续了半年多的时间。“大家跟着我干都不容易，工资是他们的生活保障，我不能亏待他们。”

当年店里的一些厨师都是从四川请来的，张华怎么也不愿意把经营压力转移到他们身上。“从酒店开业至今，无论多么困难，我从没欠过员工的工资，每个月都按点儿发放。”张华说，在她心中，员工们的信任非常重要，她要让员工们在自己的酒店里工作得踏踏实实。

有一次，饭店好不容易来客人了，点的是酸菜氽白肉，这是地道的东北菜，可店里的厨师是四川人，哪会做酸菜氽白肉，就硬着头皮用酸菜鱼的酸菜做了端上去。

客人尝了皱眉头说：“不是这个味道！”张华赶快给客人解释。第二天，她就带着厨师去市里找了家饭店学习如何做这道菜。“回想起当时的状况，一直到现在都觉得，如果让客人吃不好，是多么对不起人家的一件事情。”张华说。

“酸菜氽白肉事件”在张华心中烙下了深深的印迹，她开始反思自己的经营策略。“虽然酒店主打川菜，可是要让老百姓满意，还是要做他们爱吃的菜。”

为了把菜做好吃，张华带领厨师苦心孤诣钻研，四处取经，经过一遍遍品尝，一次次试做，直到味道纯正，得到众多食客的赞扬。

事业的蒸蒸日上离不开家人的理解和支持。张华在酒店里没日没夜地忙碌，爱人就扛起了家里的大事小情。儿子懂事听话，从小就在私立学校寄宿。“有一次我儿子来饭店写作业，抽空还帮我摆放饭店的酒瓶子，那么小的孩子就知道给我帮忙。”说起儿子，张华的眼中既怜爱又骄傲，家人们永远是她最坚实的后盾。

1995 年 1 月 8 日，饭店正式开门迎客时，只有一百多平方米，三个雅间。1997年，随着顾客增多，张华又把二楼装修营业。后来，她干脆把连着的一排门脸房的二楼都买下来，打通布局，将饭店面积扩到1600多平方米。后期，又租下了老店后面的宴会厅，增加了酒店的功能。经历这四步走后，五粮液老店就形成了如今的规模。

老店不断扩大的同时，张华又开始谋划新的发展。

2009年，新五粮液大酒店开业，营业面积达1万多平方米，能够满足2000人同时用餐。

起初，新店的位置并不理想，不在市中心，不挨主干道，还有一条铁路挡着。“当时周围一家门店都没开，可我相信自己的品牌和这么多年积累的口碑，一定没问题的。”此刻的张华就像一位毅然决然的军人，看准了目标就全力向前冲。她不仅把店址选在了这里，为了方便顾客用餐，还投入大笔资金买下了商铺后面的地下停车场。

“新五粮液酒店”环境升级，菜品讲究，性价比还很高，如今已经成为家庭团聚、朋友聚餐的热门场所。不仅如此，随着“新五粮液酒店”的人气日盛，周边经济也都渐渐发展起来，包括附近的文化广场、超市、饭店等多种业态相得益彰，形成了一个成熟活跃、自成一体的小型经济圈。

新店开业后，一直有人建议张华把老店兑出去，但是她不同意，“老店是初心，是革命开始的地方！”张华始终对老店抱有一种难以割舍的深厚感情。

“我有菜好吃”

在许多人的印象中，提到“五粮液酒店”，一定会对“我有菜好吃”这五个字印象深刻。这是一副用毛笔写成的回文题词，正读反读皆可。

简单的五个字，自左向右读，向顾客传达了“我有菜好吃”，欢迎大家过来品尝的意思；自右向左读，是张华“吃好菜有我”的愿景，时刻为自己鼓劲儿！

提到这五个字，20 多年前的那一天在张华的记忆中，仿佛就是昨天。

那天，市侨联带着几位台湾同胞到饭店用餐，用餐完毕，一位台湾同胞觉得饭菜很可口，就问饭店服务员，店内是否有笔墨纸砚，可巧张华平素就有此准备，于是这位名叫刘昭湖的台湾书法家就主动为饭店留下两幅题词，第一条题词是“吃好菜有我”，第二条题词是“天府美食在秦皇”。

后来“吃好菜有我”这几个字被做成了饭店牌匾的一部分。不仅如此，深受感动的张华，还专门引进了台湾菜，保留至今。

做“好菜”不容易，为了当年的那句“吃好菜有我”，张华用自己的全部精力来践行。

“好菜，说起来简单，做起来可真的不容易啊！”张华不禁感慨。从食材买来，到客人吃到“好菜”，满意而归，这其间融入了太多人的心血和付出。

如今的五粮液大酒店，虽然各方面经营早已经步入正轨，不仅有着完善的管理体系，还培养起了一支专业优秀的管理团队。张华没有特殊情况，还是每天守在酒店里，后厨、采购、大堂，雅间……食材制作的各环节都会过问，随时提出自己的意见。

特别是在采购环节，张华尤为重视。为了把菜做好吃，酒店始终坚持选择真材实料。

“以前在老店，我是要自己买菜的，现在不亲自买了，但每天的菜买来，我都会去看。”经过张华多年的“火眼金睛”，能坚持下来的供货商，都知道她的高标准，严格按照品质要求供货，不敢有一丝含糊。

除了采购环节严格把关外，与许多其他的饭店不一样，多年来，五粮液大酒店的熟食、凉菜、热菜、甜品都是厨师亲自做的，绝对不用半成品。

“与半成品相比，我们自己深加工的食品又费工又费料，成本高，可我们提供的是真正的好产品、好味道，客人吃到这样的饭菜，我心里才踏实。”

酒店有一个主打菜叫“一个丸子”，是在扬州蟹粉狮子头的基础上加以改良的。从1996年在老店就开始主推这道菜，至今已经有20多年了。

这道“一个丸子”有一斤八两重，按一定比例精选猪后丘肉加肥肉加前槽肉，手工切肉、搅拌、上劲、成丸后，还要经过小火慢炖长达6个小时，味道鲜美，入口即化，肥而不腻。真正的“好菜”有人识，这道不简单“一个丸子”一直是五粮液酒店的镇店名菜，也是销冠菜品，几乎每天都能卖上近百个。

其实“一个丸子”本可以用五花肉代替，但这样做出来的味道很不一样。“一个丸子”这道菜需要用小火慢炖长达6个小时，用高压锅一二十分钟也能做出来，但是口感不同，做不到入口即化。

张华希望食客们能够从“好菜”中看到做菜人的经营理念——“炮制虽繁必不敢省人工，品味虽贵必不敢减物力”。

五粮液大酒店的拿手菜可不是只有这“一个丸子”，还有鸿运牛头、菠萝油条虾、白菜炖豆腐、八爪鱼炖红烧肉、水爆肚、炒鸡、红豆山药等。其中，鸿运牛头这道菜极具视觉冲击力。这道菜制作工序复杂，要求厨师火功精良。带着牛角的鸿运牛头这道菜端上桌以后，骨酥肉烂、嫩爽入味，令人食指大动，因为寓意着坚韧、吉祥、胜利，因此深受食客喜爱，成为庆功宴的必点菜之一。

为了做到健康绿色，张华还坚决不用添加剂。“新招聘厨师时，如果他在做菜过程中加了添加剂，无论味道好坏，我都不尝就会直接否决，滥用添加剂的厨师我坚决不用。”

张华还聘请优秀的人才来对菜品把关，比如行政总厨孙恒山，是省专业评委和优秀厨师、市十佳行政总厨，对菜品要求严苛。张华一直坚定地认为，吃得好，更要吃得放心，在她的餐饮理念中，对菜品远不只“好吃”这么简单，要把客人的安全和健康摆在第一位。

“这牛肉干切得有点长，不太方便客人吃。”在观察完旁边的客人吃牛肉干的状态后，张华夹起一根牛肉干，当着客人的面对工作人员说。这几乎是她的职业习惯，请客人吃饭时，她会仔细观察客人对自家菜品的反应，并征求客人的意见。

秉持着“吃好菜有我”经营理念的五粮液饭店确实做到了“我有菜好吃”。

她至今记得在重庆老家做菜时，不放太多的调料，就呈现出食物本来的味道。这样的味道穿越了时光，和乡愁、坚韧、信念等混合在一起，让人尝的是滋味，品的是情怀。

五粮液大酒店经营快 30 年了，张华对餐饮业的兴趣不仅丝毫未减，还总能找到新课题，并且孜孜以求，不断摸索。什么样的菜适合给老人吃？什么样的配比，好吃还营养均衡？什么样的菜看到就让人愉悦？什么样的菜是孩子的首选？……对“好菜”的追求永无止境，她一生只专注于做这一件事。

阴霾之下积蓄力量，等待春天的到来

2020 年年初，国内突如其来的新冠肺炎疫情，打了所有餐饮企业一个措手不及。

大年三十，五粮液大酒店的两个门店像以往一样，开门纳客。家家团聚的年夜饭桌上，人们觥筹交错，举杯欢送过往，迎接新年的华章，酒店里一片喜气洋洋的气氛。可是，转眼第二天的正月初一，酒店前台就接连不断地接到客人退桌的电话。

电视里不断播放着新冠肺炎疫情的新闻，手机屏幕上连续滚动着感染人群的数据，国内的疾控专家号召人们不要聚集聚餐、主动居家隔离、非必要不外出……2020 年的农历新年，全中国笼罩着紧张压抑的气氛。

一个个退掉的订单接踵而至，张华的脑子是蒙的，对于这个意外的变故，任何人都没有预料到。

随着防疫形势吃紧，正月初三，张华决定，五粮液大酒店闭门歇业。

在疫情防控期间，五粮液大酒店积极贯彻落实市委、市政府关于加强疫情防控的决策部署，除了闭店停业，张华还叮嘱所有的员工，接到消费者的退订电话，要主动退还缴纳的用餐定金。

“在这个举国上下面临困境的时候，企业家要勇敢地站出来，承担社会责任，及时响应号召，严格落实政府暂停营业的要求。关闭所有经营的门店，最大限度地避免了因人群聚集可能带来的传染风险，也是我们为打赢疫情防控阻击战作出的小小贡献吧。”张华说。

关了门，闭了灯，酒店的大堂冷冷清清，身边没有访客，只有几位工作人员，习惯了平日里人流穿梭的热闹场景，彼时，张华心里空落落的。

虽然酒店停业了，但是张华还有很多繁杂琐碎的工作需要处理。

走到店里的材料库转一圈，张华不禁皱起了眉头。为了应对节日期间的团圆聚餐订单，春节前，张华一再嘱咐员工要备货充足，采买最新鲜的食材，不能让客人因为吃不好而影响过年的好心情。然而眼前，大量的蔬菜、肉、调料堆积在了库里，消化不完，可真是让人头大。

“能冷冻储存的都放到冷库里，蔬菜不能放太久，就清洗干净，咱们到酒店门口摆摊，便宜点卖掉，这么好的东西不能浪费。”就这样，张华号召员工一起，在自家门口吆喝着卖菜。员工们纷纷说，这样的举动看起来有些滑稽，但张华知道，这实属无奈之举。“做餐饮的最不能忍受浪费，看着食材一天天搁着腐烂掉，真是心疼，还不如赔点钱卖了，老百姓至少还能用上，在家里做几道可口菜！”

待在家里，张华每天都会翻看新闻，时刻关心抗疫一线的各种动态，看着新闻里医护人员忙碌的身影，看着他们不顾自身安危抢救病人的画面，她想着：我还能为抗疫做点什么？

“我和我的员工还能做盒饭！还能给抗疫一线的医务人员送饭！让他们吃得好点，有更多的力气去战胜疫情！”

当有了这个想法后，行动力极强的张华拿起电话，拨打了市第三医院的电话……

“医院职工一直由食堂供餐，但供餐能力有限，随着病患和医护人员的增加，用餐成了我们的大问题。”电话的另一头，市第三医院工会副主席、办公室主任王全宇说：“有了餐饮企业的援助，真是解决了医护人员吃饭的问题。”

张华得知情况后，立即与市饭店餐饮行业协会会长沟通，组织会员单位开展“抗疫爱心餐接力”。2020 年 2 月 17 日，由市饭店餐饮行业协会发起的“助力抗疫一线　护‘胃’白衣天使”活动正式上线。

鸡块、排骨、虾肉、鲜藕炒木耳……荤素相宜的炒菜盛入餐盒。每天上午 10 点，张华和员工们将一份份“爱心餐”小心翼翼地放进保温箱，清点装车。中午 11 点 30 分，一盒盒“抗疫爱心餐”准时出现在市第三医院门前。

在张华的建议下，五粮液大酒店与秦皇岛正大有限公司、秦皇岛熙成餐饮有限公司、红太阳餐饮娱乐有限公司、如意山海酒店等餐饮单位一起，主动承担每天两次免费为市第三医院的医护人员提供“爱心餐”的任务。

“我们不能去武汉抗疫一线，但我们能保证医护人员能吃上营养的热乎饭！”回忆起那段特殊的忙碌时光，张华的眼里亮亮的。

新冠肺炎疫情的暴发，让靠客流量生存的餐饮企业遭受较大冲击。酒店歇业了，能够营业的日期也未可知，2020 年的疫情，成为张华从事餐饮行业至今，面临的最大困难。酒店在没有经营收入的前提下，仍在支付员工工资、店面租金及相关费用、供应商货款，同时还要为员工防疫额外支付防护设备开销。现在不是赚不赚钱的问题，对餐饮企业来说，已经是生死存亡的关键时刻了。

等待疫情早日结束的日子是煎熬的。疫情期间在家足不出户的时候，张华会给自己倒上一杯茶，静静地思考着：真要做什么的话，就是停下来想一想，如何抓住下一步的发展机会，越是困难，越是企业练内功、提高水平的时候。

在餐饮行业摸爬滚打 20 多年，面对病毒带来的阴霾，张华并没有沮丧，她认为，酒店经营遭受损失是无法避免的了，应对疫情给全行业造成的困难和危机，餐饮企业活下去的最好方法是蛰伏，积蓄力量，等待春天的到来。

以前走得快了，现在停下来，理一理思路，在改革线上线下商业模式、优化组织架构、提高员工素质、增强内部治理效能、做好食品安全上多动脑筋、想办法，真正在机会来临的时候，抓住机遇，酒店才能实现更好的发展。

张华把对员工情绪的疏导、日常培训工作转移到线上，针对疫情期间百姓饮食需求，作了相应的业务调整。她相信疫情之后，酒店会收获更强的组织力、品牌力、产品力和营销力。

2020 年 3 月下旬，随着新冠肺炎疫情逐步稳定，秦皇岛市餐饮企业复工复产逐步恢复。复产复工后，五粮液酒店餐馆重新燃起了"烟火气"。

"可堂食，我们做好严格消毒，请您放心就餐！"2020 年 4 月 26 日，五粮液海鲜大酒店迎来了第一批堂食消费者，张华特别激动，亲自在酒店门口为顾客测量体温、登记消毒情况。开门营业前，张华将原来厚重的菜单调整为特制的"一次性菜单"，大众菜品集中在了一张纸上，避免交叉接触，一切为了消费者的安全和方便。

山药炒木耳、凉拌黄瓜、猪肉饺子，口味清爽、鲜美，家常的味道让人留恋。食材从清洗、验货、采购、运输到菜农，每个环节均可追溯，确保食材安全，让顾客放心。针对大众对春季进补的要求，张华还与厨师一起动脑筋，特意推出了养生菜品以及多种套餐，实惠还有营养。

防控措施更严格更细致，食材可追溯，烹制更健康，疫情虽然带来了影响，但是五粮液酒店更注重服务品质和菜品质量。除此之外，每天张华通过手机对员工进行科学防控知识的普及，通过微信平台每日举行服务培训，大家相互交流提振士气，以崭新的面貌迎接堂食开放。

“疫情虽然平稳了，但酒店经营还没有恢复到疫情前的正常水平，现在销售额是在慢慢恢复，我相信会慢慢好起来。”张华说。

还要继续做“店疯子”

做老板听着好听，看着也风光，但是现实真的如此？其实，人前风光，人后心慌，背后有诸多艰辛，这才是很多餐饮老板的常态。在餐饮行业打拼，谁不是战战兢兢的呢？

在餐饮业打拼，把饭店做大做强要有大胸怀，而胸怀都是委屈撑大的。

在这些风光的背后，是外人看不到的辛酸、失落、泪水、委屈，甚至痛苦。只是对于这些，张华并没有抱怨，而是咬牙坚持。

“世界上最没用的就是抱怨，不仅对你没有任何帮助，还会浪费掉宝贵的时间。”张华从来不会去轻易地抱怨什么，而是偷偷擦干泪水，将一切委屈转化成奋斗的动力。

在家人、员工和朋友的眼中，年近六十的张华仍旧喜欢自己的工作，就像个陀螺一样，停不下来。

每一天，张华最期盼的是夜幕褪去、白昼降临的时候。因为天亮了，迎着阳光，她就可以赶去酒店上班。

上午 9 点多来到酒店，张华习惯性地去材料库检查当日采购的食材，问问员工前一天的经营状况，在大厅和包间巡查一遍环境卫生，站在后厨一角看厨师们炒菜忙碌的身影，偶尔还会对菜肴加工提一些意见……这是张华最平凡的日常。

身边的家人会劝导张华：“在别人看来也算是事业有成的女企业家，你这个‘店疯子’可以退休歇歇了，不用这么忙碌。”有些朋友也会试探着问：“20 多年了，一直从事餐饮行业，就没有厌烦过吗？有没有想过尝试跨界，换一个行当做做？”

“不干餐饮，我想不出来还能干什么？我特别喜欢这个行业！”每次离开秦皇岛去外地游玩儿，张华都心不在焉，仿佛失去了自我，就像十分想自己的孩子一样，惦念着五粮液大酒店的一切。

只要一脚踏入五粮液大酒店的门，张华整个人就立刻精神抖擞。“对餐饮行业没有厌倦，这是我的一份工作，要干好的！”

做任何行业都不轻松，如鱼饮水，冷暖自知，但只要浸淫其中，便会得到乐趣，若能有幸做到行业领先，更会收获无穷乐趣。张华实在是喜欢这个行业，她说：“做餐饮的乐趣妙不可言！”

在张华看来，生命短暂，一个人想做到面面俱到，那太不现实了。人生的目标不能制定得太多，一个人一辈子若能把一件事做得出色，就是最大的成功。怀着虔诚，一生只做一件事，并把这件事情做到极致，选择自己最喜欢的事，把它做到极致，才是人生最大的快乐。

关城餐饮有“侠女”，花香满袖陈秀英

文 / 王鸽

站在宇泉酒店门口往东望，能看见山海关古城城墙的南角，城里钟声隐约入耳。

酒店总经理陈秀英，从小听着这悠悠钟声长大，走过的60年人生，工作、成家到退休后再创业，从未离开过这座老城。

老城古朴敦厚，“天下第一关”城楼雄浑豪迈，似乎家乡的性格也烙印在了陈秀英身上，走近她时，总能轻易感受到那一副古道热肠又带着些“侠女”般飒爽的性格。

5月11日下午2点，宇泉酒店里一场婚宴散了席，还有人在饭桌上余兴未消地觥筹交错。陈秀英的办公室就跟宴会厅隔了一道门，却丝毫没为门外的热闹分神，她扶着眼镜，专注在手机上，手指一下下划拉着屏幕。

2019年，陈秀英被推选为山海关区女企业家协会会长，还有几天就到了全国助残日，她要赶紧联络会员企业，作好去慰问残友的准备。

“小马拉大车，协会成立没到两年，人少事儿多。这不，微信群里‘接龙’报名，好多人还没弄明白呢，我给大伙儿再捋捋。”协会刚刚起步，再加上酒店的工作，陈秀英手里的事情千头万绪。

但提起要面对这些事的难处，她都轻描淡写，带着那股“侠女”的爽快劲头，“没啥困难的，事情交给你了，尽全力去做，自然会有个结果。”

就是这股劲头，让陈秀英在生活中一次次披荆斩棘和面对贫弱仗义相助。

她曾同时干起两份工作，供丈夫的妹妹念完了大学；探看生活困难的邻居时，奋力救出了煤气中毒的一家三口；退休后，为帮助儿子自立自强，她从头创业，把46平方米的小餐馆开成了大酒店……

而在自己有了余力时，陈秀英又毫不犹豫地担起社会责任，带着同样在打拼中的姐妹互相鼓舞、支撑，同时在协助抗击疫情和扶贫济弱的公益活动中，发挥着女性温柔而坚韧的力量。

“只要有了方向，世上没有困难二字”

创业开起的第一家小饭店的模样，在陈秀英心里还很清晰。

“四张桌子，一个小厨房，哦，还有一个外卖的窗口。”17年前，陈秀英和儿子伴着古城归燕的“叽叽”叫声，在一个爽朗的4月天，推开大门正式营业，小饭店满载着母子俩的希望。

那年，陈秀英从中铁山桥集团正式退休，恰逢20岁的儿子汗宇从外地的职业学校烹饪专业毕业回家。

“当时，汪宇还有别的选择，去工厂上班，比较稳定；在大酒店工作也行，不累心劳神。但是他对餐饮行业有热情，一心想把咱家这边的美食和外地学来的东西结合起来，开个自己的饭店，我支持他这个想法。”陈秀英和儿子一拍即合，放下了刚刚开始的退休生活，全心投入到了创业中来。

对于一个工薪家庭来说，开个小饭店是笔很大的投入，陈秀英为节省成本到处找合适的地点，最后租下了山海关水泉市场里一个只有46平方米的小门店。

地方虽小，陈秀英看中的是租金便宜，人流量大，还可以就地挑选新鲜的食材。开店前，她给自己定下了“保证质量，实惠可口”的目标，跟儿子货比三家挑选原材料，每一道菜都反复调整到最满意的味道。

陈秀英给饭店取了个充满感情的名字——宇泉，里面包含了对儿子和第一个接纳他们创业地点的希冀，信心满满地开业了。

然而，经营了一段时间，从未涉足餐饮行业的陈秀英发现，想撑起一个店，所要付出的辛苦超过了她的预想。

“清早到市场上怎么选出最好的原料，饭点高峰时候，咋样让顾客满意，这都是很精细的功夫。那时，就只有儿子一个厨师，我一个服务员，都得自己去琢磨，经常手忙脚乱的，到晚上我们娘俩还要促膝长谈，谈到半夜，总结问题、想办法。”从头学起的陈秀英尝到了起步的艰辛，但她定下的饭菜质量好、价格实惠的目标，从未改变过。

不久后，陈秀英的坚持给饭店生意找到了一个突破口。乐岛海洋公园景区考察过很多餐饮店后，把每天600多份的员工餐盒饭包给了宇泉饭店。

这么大的订单，一下子解决了客源问题，陈秀英十分激动，马上开动。但每天供应600份盒饭，真的干起来，工作量巨大，她雇请了一名服务员和一名厨师做帮手，还是忙得起早贪黑、脚不沾地。

一天，儿子累得突然直不起腰了，看着这样的情况，陈秀英怀疑起了自己。

“我真心疼了，跟儿子说要不找份别的工作去吧。”做事不爱半途而废的陈秀英想到退出的时候，儿子的坚持让她打消了这个念头，“他说，妈，我喜欢这一行，咱们再试试吧。”

虽然答应了儿子，但陈秀英开始感觉到迷茫，没有了最初迈入小店时的兴奋。

陈秀英创业多年养成了个习惯，为了精精神神地面对新的一天，她早起都会洗个澡，也让自己静下心来，思考面对的问题。

一次思考时，她脑海里闪过了儿子当初告诉她想开饭店时的模样，心里一颤，“我一下明白过来了，错了，方向错了！我们最初要做的是有自己特色的餐饮酒店，一直卖盒饭，还怎么能到目的地呢？”

于是，陈秀英不但停下了在很多人看来十分诱人的景区盒饭订单，还加大投入，租下了附近一个100多平方米的店面。

事实证明，陈秀英的判断是对的，扩大店面后，她和儿子在餐饮的烹饪和服务环节上，有了更多的提升空间，而一直坚持的“质优价廉”的经营理念，让新店迅速火爆了起来。

“从中午到晚上都能翻台，还经常有顾客排队等位置。”重拾信心的陈秀英又在两年后租下了一个更大的酒楼，开始主打接承办宴会。

创下的口碑和实实在在的经营方式，让陈秀英的宴席很叫座，这时，她又发现了问题。

一个席间，陈秀英偶然听到有个顾客在打电话联系别的酒店，订下了一场婚宴，她赶紧找了个机会悄悄问他：“是不是吃得不合口啊，给姨提提意见吧！”

“姨，你们饭菜没得挑，就是我们那个婚宴客人多，你这放不下啊！”顾客回答得也诚恳，让陈秀英意识到再发展下去的阻碍，“不是我们做得不好，在这里，咱已经把能做的都做到了，下一步还需要点魄力。”

陈秀英又跑遍山海关的大街小巷，物色场地，看中了一家面积有1000多平方米的店面，“位置不错，面积是原来的5倍，大厅足够我摆下40桌了。”

可是，房主要求一起交下连续几年的租金和保证金，这笔投资让家人和朋友都为她捏了把汗。但陈秀英却十分坚定，“我左算右算，知道一定能行，而且也是必须得走的一步。”

如今，陈秀英已经在这家店面经营了 7 个年头，又经过了几次翻建和扩店，生意十分兴旺。从宇泉饭店到宇泉酒店，她一直坚持最初的经营理念，也不断推陈出新，结合着家乡特色创造出独家的菜品，逐渐在当地的餐饮行业占有了一席之地。

近几年，宇泉酒店更是先后获得了“秦皇岛十大旅游美食推荐店”“秦皇岛市绿色养生美食名店”“山海关旅游餐饮接待推荐单位”等许多荣誉称号。

回头看走过的路，几经波折，许多朋友都会感慨陈秀英的不易。但这时，陈秀英都会笑着摆摆手，“哪有那么难啊，好事没出现在你身上，就证明你做得不够好，凡事看准方向，一步一步走，世上也就没有困难二字了。”

“诚心待人，是太爷爷留下的处世法和生意经”

陈秀英觉得能在多年经营中坚持住“质优价美”，是宇泉酒店建立起口碑、发展到今天的原因。

“经营饭店和做人一样，得真诚地对待人和事，有再多的管理办法，没这么一颗心也不行。”对陈秀英来说，这是个打小深谙的道理，也是家庭带给她的影响。

其实，陈秀英的太爷爷做的就是餐饮这一行当。当年在古城，老陈家的早点铺家喻户晓，豆腐脑更做得一绝，是讲究的老关城人起大早排队也要去喝上一碗的美食。

“太爷爷和爷爷两代人都做早餐，他爷俩的故事我知道很多，印象特别深。”陈秀英说，太爷爷做起生意来，不但实诚厚道，更会尽量接济困难的人。

当年，陈家早点铺开在热闹的老柴禾市，遇上客流量大的时候，很多早餐摊就会往豆腐脑的卤子里兑汤，保证供应量，但太爷爷的做法却是加肉和木耳，就为让大伙儿吃得实实在在。

并且，太爷爷还定下了豆腐脑的汤卤可以随时添加的规矩。老辈人曾告诉陈秀英，这是因为新中国成立前人们的生活普遍困难，不少人来店里吃豆腐脑，只会点很少的主食，身上还带着自家难咽的粗干粮，就着有滋有味的汤卤，可以多吃点，填饱肚子干活。太爷爷了解大家的难处，用这样的方式默默地帮着他们。

不但如此，怕大伙儿会感到难堪，太爷爷还把取餐处设为一个小小的窗口，人们只要把碗伸进来，就给添上两勺卤子，不必和店员面对面。

太爷爷的厚道也传到了爷爷身上，到了他经营的时候，依旧经常帮助有困难的人。有一年，他还收留了一位残疾的流浪者常年住在家里，等流浪者后来有了工作，还出钱支援他建立了自己的小家。

“看着是吃了亏，但是早点铺却越来越受大伙儿欢迎，总人来人往的，经营得非常好，”陈秀英说，“这是他们留给我的为人处世和做生意的道理。”

有了自己的饭店后，陈秀英也有着如祖辈一般的心胸，对人和事都以诚相待，总是多为大伙儿先想一步。

宇泉酒店的一个婚宴套餐里，有一道以大头海虾为原料的菜品，但精心挑选的海虾做熟以后个头却有些缩水。店员们都建议继续使用这种虾，认为只要材料新鲜，差一点个头也不影响品质，而且套菜的成本经过核算，已经是非常实惠的价格了。

但陈秀英不同意，“婚宴是人生大事，谁家不希望端上的菜给亲朋好友留下最好的印象啊，咱不能差这一点。”于是，她让儿子不计成本地到外地多个城市重新寻找食材，终于找到了更优质的大个头海虾，还按原定价格推出了这套宴席。

一道菜的坚持，可以看出陈秀英坚守的理念，酒店也在人们的好口碑中越来越兴旺。

而对于自己的员工，陈秀英更是将心比心。每到饭店迎来客流暴增的节假日，她都会把大伙儿的工资翻倍。赶上“年三十”和中秋节这样的团圆日，肯定提前组织大家聚餐庆祝，“客人来之前，咱自家先过节，谁这时候没吃好，我心里可过不去。”

2020 年疫情期间，餐饮业都响应号召停止了堂食，由于当时原料价格较高和配送费用增加，古城的很多饭店也干脆不再接外卖单，关门歇业了。

陈秀英却在这个时候加入了外卖平台，还有一些老顾客打电话来询问能否订餐时，她就让儿子开车给送过去。“接了外卖，我店里的人就有活儿干，还是想尽量让他们多挣点。大伙儿出门不方便，也需要外卖，这个时候，咱不能光算自己合适不合适啊。”

这期间，虽然几乎是零利润在营业，但陈秀英却有了意外的收获——宇泉酒店在外卖平台上名列前茅，得到了众多好评。后来，有很多到店的顾客告诉陈秀英，他们就是通过外卖吃到了宇泉的菜，觉得实在可口，这才成了常客。

“老辈人传下来的开店要心实的观点，依旧不过时啊！”陈秀英很有感慨，她希望这样的风气，能在自己这一代的古城餐饮人手中继续传递下去。

“帮我娘俩的有‘千军万马’，人得懂感恩”

陈秀英不爱提过去的坎坷，却总会说起一路上亲友甚至是陌生人给予的帮助和鼓舞，“别看在前面‘比画’的是我们娘俩，身后可有‘千军万马’呢！”

其实，陈秀英能得到这么多人的帮助，是因为她向来是那个满腔热情、愿意为他人付出的人。

陈秀英有两个姐姐和一个弟弟，成长在一个大家庭。年幼时，父母为人厚道、兄弟姐妹相互支撑以及跟邻里之间的和睦，给她留下了深深印象。

工作成家后，她和丈夫靠工资赡养父母、培养儿子，把扶助双方兄弟姐妹的事情，都看作理所应当的，这样一来，日子就比较拮据。丈夫的妹妹考上大学后，上学费用问题更成了难题。

于是，陈秀英决定开个小卖铺来挣学费。“我上学时候条件不好，教室在田间地头，黑板钉在大树上，没能再多学几年是最大的遗憾，但咱这辈人不怕吃苦，说啥也得供她去上学。”

那时，陈秀英家住一楼，他们就把自己家作为铺子，把下班后的所有时间都用来进货、看店，虽然辛苦，但就是靠着做两份工作，终于供出了小姑子。

一天，陈秀英从厂里下班后，一身疲劳地赶去打理小卖铺，刚到家门口，碰到了一位邻居对她说：“看你楼上的窗户还没拉开窗帘呢。”

陈秀英一听，担心起来。她家楼上住的是一对 80 多岁的老两口和智力有障碍的小儿子，平时，自己总会上楼瞅一眼、帮个忙，很清楚老两口的生活习惯，他们每天早上 6 点多肯定起来了，这会儿还拉着窗帘，不会遇到了什么情况吧？

陈秀英二话不说，上楼敲门，却没人应，再看看窗帘还关着，心里“咯噔”一下，意识到问题的严重。

她赶紧去呼救，找来了一名年轻同事，小伙子扒着窗台拉开窗户，看到有人倒在了地上，原来是发生了煤气中毒，他赶紧翻进屋，打开了房门。这时，陈秀英和问讯赶来的人们也冲了进来，把一家三口送去抢救，这才脱了险。

事后，大伙儿都夸陈秀英救了三条人命，但她对这件事印象格外深刻更多是因为惊险，“要是当时没救下他们，心里就再也不会这么踏实了。”

这些年，陈秀英主动帮助有困难的人的事还有很多，开店以后，更是优先带动妇女就业，对待她们像家人一样。遇到顾客多的时候，她依旧会到堂前、后厨跟着大伙儿一起忙活；工作中，她尤其注重保护员工的自尊心和进取心，制定奖励制度，鼓励大家自觉地把事情做到最好。

店里有很多员工，都跟着陈秀英换了好几个店址，一直追随着她。一次，一个吧台的服务员拉着陈秀英的手说：“姨，我希望你活到一百岁，我就想让你一直带着我们干。”她把这样的话记得牢牢的，觉得特别珍贵。

有些年龄偏大的员工，是很多企业都会考虑精简的对象，但陈秀英从不放弃他们。“这些老人可能精力没那么充沛了，但吃苦耐劳的劲头儿是财富，要看每个人的闪光点，咱酒店才是个有人情味的地方啊！”许多再就业员工对餐饮工作不熟悉，陈秀英就聘请专业人员定期进行培训，让他们尽快掌握各档口手艺。

平日里，她还经常组织全体人员联谊聚餐、集体出游，并带着大伙儿参观红色景区、读红色书籍，丰富员工文化生活的同时，培养爱国、敬业的企业文化。

“我们这代人对党的感情特别深，要尽自己一份力，把感恩之心和民族的传统美德继承下去啊！”陈秀英说。为此，陈秀英在酒店定下了给拾金不昧员工奖励和颁发锦旗的规定。这些年，不论顾客在店里丢失了身份证还是现金、银行卡，每位员工都会为他们好好保管、上交。还曾经有店员主动联系归还了市民刘先生落下的一万多元现金。

陈秀英创业 17 年来，已先后解决近千人的社会就业。如

今的宇泉酒店，各个档口有条不紊，层次分明，精细衔接，人人都在热乎乎的氛围里，分享着奋斗的成果。

跟了陈秀英近10年的前厅经理任芳说：“陈姐像个大家庭的家长一样，关心着我们每个人。特别是有人在家庭和生活中遇到了坎坷，她更是像亲人一样尽力帮助。”

有着这样热乎气的宇泉酒店，已经成了关城人十分信任和离不开的餐饮品牌。

山海关铁路车辆段工作的王先生曾告诉陈秀英：“宇泉搬到哪，我吃到哪，十多年了，我家所有亲戚喜宴都是在这办的！”这也让陈秀英更加坚信这样去做企业的理念。

在陈秀英的办公室，挂着一幅老员工李杰在离开酒店后，给她写下的书法文章：“饱经风霜十年载，酸甜苦辣度人生；岁月沧桑红颜老，几度春秋坎坷沟；创业艰难压不倒，意志坚强不灰心；刚强烈女闯天下，拯救人生饥饿贫……”

“我可没有写的那么好。”陈秀英喜欢这幅字，只是因为念着大家对她的感情，“抬头一看到，就想起大伙儿对我们娘俩的帮助，特别感恩，也提醒自己应该去给社会多做点事。”

带着姐妹们做公益，是一件快意人间事

2019年4月，陈秀英在一次聚会时认识了几位秦皇岛市女企业协会的朋友，当得知陈秀英愿意多做一些公益时，她们兴奋地问：“陈姐，咱山海关区还一直没有女企协会呢，你愿意把这个担子挑起来吗？”

陈秀英还是那一股飒爽劲儿，“行啊，总得有人来干，我试试吧！”

接下这个工作不是头脑发热，陈秀英深知其中的责任和需要倾注的精力，她又把自己摆在了学生的位置，认真地从头干起。“成立协会、组织

活动，咱是外行，得琢磨啊。”

2019 年 5 月，山海关区女企业家协会在陈秀英的带头筹办下正式成立了，陈秀英被大家推选为会长。协会迅速发展起来，很快就拥有了 52 名会员，会员企业涉及食品加工、药品生产、包装材料、批零餐饮、教育医疗等许多行业。

陈秀英和姐妹们除了定期交流经验，分享信息和互相鼓气、帮助，还集合起力量，在公益之路上大步向前。

成立后的第一个夏天，她们为环卫工人送上了 600 多箱汽水消暑；定期组织会员去山海关区的老年公寓、特教学校为孤寡老人和残友、孩子们送服装、生活用品和慰问金；2019 年，协会还与山海关区滨海公益救援队建立了长期合作，联手开展公益活动，并向队伍资助救援资金……

就在协会和企业都在顺利发展时，2020 年春节过后，疫情打乱了人们生活的节奏。

疫情导致酒店没有了营收和现金流，年前 600 多桌锁定的年夜饭全部取消，原料损失巨大，加上响应号召关闭了堂食，宇泉面临着巨大的困难。

一天，陈秀英正在一边忙活店里的外卖订单，一边盘算着怎么让酒店维持下去时，突然接到了山海关育才路社区工作人员的电话。

“陈姐，咱小区疫情防控的值守人员太紧张了，能不能找些人手，给我们帮帮忙？”

听到电话那边火急火燎的求助，陈秀英稍微思考了一下，“咱协会的姐妹都是一条心，饭店的员工也都听指挥，没问题！”她当场答应了下来。

当天，陈秀英就带着家人、店员和协会会员加入了社区的疫情防控，在小区一个入口防控点轮流值守，每班 4 个小时，一坚持就是 40 天。

加入疫情防控一线后，陈秀英接触到了更多战斗在一线的人们，于是，她向区妇联申请，在指导下建立了以协会成员为班底的志愿服务队，带着大家使出浑身力量投入到协助抗疫中。

陈秀英做的第一件事，就是给育才路小区值守点寻找御寒装备。“那天，雪下得一片白茫茫，家家店都关着，上哪去找啊？副会长刘艳英我俩开着车，一点点蹭，一条街一条街看，终于看到了一家开着门的用品店，给大伙儿做了厚厚的帐篷和御寒衣服，这才放心点了。”

后来，她又带着志愿者团队给区人民医院送消杀物资，给边城子检查站的民警送食品、保暖内衣，给社区一线防控点值守人员送去饭菜……疫情期间，协会会员企业一共捐出了总价值近 3 万元的物资，陈秀英个人捐款捐物也达到了 5000 元。

在酒店很困难时，陈秀英也丝毫没计算自己的得失，倾心付出着。“赠人玫瑰，手有余香嘛，有舍才有得，况且这个时候，跟大伙儿一起战胜疫情是最重要的。”

2 个多月后，疫情终于得到控制，陈秀英的酒店也开门营业了。“店门一开，特兴奋，想着这一道坎不也就迈过来了吗，而且，这一次还能感觉到更多人在身后推着你呢！”

营业那天，陈秀英把店里到处都摆满了花篮，又按照多年的习惯，给自己家里也订了一束鲜花。

“好多人一眼看不出来，我特别喜欢花。”陈秀英在山桥厂上班时，岗位是开天车，在几十米的车间高空操作吊车，穿梭在钢筋铁骨间搬运巨大的零部件，责任重大，不能出一点失误，保证安全和精准；退休后，她又天天面对着锅台灶火，也是忙得热火朝天。

“听上去是个‘女汉子’，但我偏偏喜欢花。”陈秀英说，“你看花一开，像一张面对生活的笑脸，我喜欢这劲儿。现在，能带着姐妹们做些有意义的事情，就像一大束花一朵挨着一朵地开，多美啊，这样的日子才更快乐。”

谁说仗义直爽的“侠气”和花儿一样的艳丽、明媚，不能成为同一个人的注解？

陈秀英用精彩的人生，写下了自己的答案。

天地有大美而不言

文／璧如

“妈妈，妈妈，你是《诗经》里的公主吗？”

刚满4岁的女儿一把扑进巧致怀里，手里高高举着一本儿童绘本《诗经》，满脸期待地问她。

女儿指着《卫风·硕人》的诗句，急切地说：“这里，你看，写得跟妈妈一模一样。老师说，这首诗写的是齐国公主，妈妈，我觉得你就是这样的。”

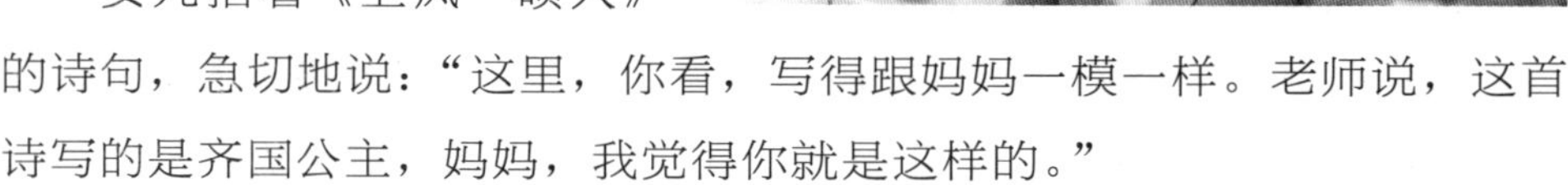

看着孩子迫切期待的眼神，巧致内心充满柔情，一整天工作的疲惫一扫而空。她亲了亲女儿的小脸：“妈妈可不是齐国公主，妞妞才是妈妈的公主。”

可是女儿不依不饶，指着那个熟悉的“巧”字说：“妈妈骗人，你就是公主，巧笑倩兮，美目盼兮。”

巧致笑了，伸手点了点女儿嘟起的小嘴说：“好，妈妈也是妞妞的公主。”4岁正是孩子求知欲格外旺盛的时候，巧致顺势引导，“妈妈再教你一句话好不好？巧笑倩兮，美目盼兮，素以为绚兮。”

这是《论语》中子夏问孔子的一句话，巧致经常在集团商学院的培训班上讲给学员听，她说：“这就是‘绘事后素’，只有在健康的基础上增色才是美丽的。我们要知道‘天地有大美而不言，四时有明法而不议，万物有成理而不说’，都是圣人在提醒我们要敬畏天地，敬畏生命，敬畏大美，敬畏自己。”

巧致将从业多年的感悟总结成集团司训——“敬天爱人”。唯有敬畏，方得始终。

医者仁心，割舍不掉的生命底色

胡巧致出生在著名的医学世家，外曾祖父曾经在北戴河别墅里给张学良和赵四小姐上门诊脉，外祖父做过多位国家领导人的保健医，父母亲继承家学传承，患者送的致谢锦旗挂满了诊室。巧致人生的最大幸运就是选择降生在这样一个家庭。当时母亲怀孕五个月开始出现胎像不稳、先兆流产的症状，要不是外祖父悉心调理、对症下药，一个美丽的小生命也许就与我们失之交臂了。

襁褓之中的小生命带给全家新生的喜悦自不言说，父亲给她起名“巧致”。许慎注《说文》载：“致，送旨也。”父亲说“巧致”意为感谢上天送来最美好的旨意，同时也致敬中国妇产科奠基人林巧稚。

不言而喻，胡巧致的生命从诞生伊始，就已经打上医者的烙印。巧致幼年的启蒙教育是在《汤头歌》中开始的，“麻黄汤中用桂枝，杏仁甘草四般施；发热恶寒头项痛，喘而无汗服之宜……”外祖父欣慰地说：“这丫头灵，是块料。”

巧致的父亲是急诊外科大夫，母亲是中医药剂师，这种“中西合璧”的组合留给巧致最深的印象就是病人太多了。父母永远都是围着病人转，他们的时间只属于病人。巧致乖巧地把作业带到医院，在中草药和消毒水混合的气味中完成一天的功课。来来往往都是病人和家属，巧致也学着像护士阿姨一样帮父亲递送工具，甚至血袋，倾倒满是血污的垃圾等。父亲暗中观察，觉得小女儿不但有眼力，还有定力，从来没有被急诊室的惨烈吓到。于是父亲有意锻炼小女儿的胆量，有时会指使她做一些简单的伤口清理工作，比如剪掉满头血污的头发露出头皮方便父亲消毒缝合。那时候巧致才刚上小学，就是在那样的环境中日益成长，她的心底逐渐埋下对创伤患者深深的同情。从那时起，她就要求自己动作尽可能轻柔，笑容尽可能甜美，一切能够减轻病人痛苦的做法她都愿意去尝试。

巧致循着家人设计的路线，以优异的成绩考上了河北医学院。就在所有人都毫不怀疑巧致的人生将是一条约定俗成的康庄大道时，巧致敏感地意识到，她正徜徉在拥有多条交叉小径的花园。一颗思辨的种子已经在年幼的巧致心里萌芽，她开始思考治病与救人的关系，开始思考时间与生命的意义，就像一百年前的鲁迅先生一样。

毋庸置疑，自信又独立的巧致，一入大学就成为各种社团争相邀约的宠儿。丰富多彩的社团活动，吸引着这个优秀的学子。在大学里，巧致的生命活力得到释放，游刃有余地穿梭于各种社团活动中。她在“多条交叉小径的花园”中选择了情有独钟的公关社团。在那里，形象气质俱佳的巧致获得了施展才华的舞台，她的智慧与美丽得以尽情绽放。

也正是那个时候，父女俩爆发了有生以来最大的争执。找到方向的巧致一天也不愿意继续重复父祖的老路，一成不变的生活会让她失去生命的活力。巧致执意退学重考，父母自然百般不允。父女双方经历了争吵、冷战，后来各退一步，巧致勉强同意念完大学去医院实习，但实习期后她如果还是不喜欢医生职业，有权利选择自己的人生。

这次妥协使秦皇岛市第一医院多了一名优秀的实习生，秦皇岛冶金医院多了一名优秀的口腔科主任。巧致说：“医生是一个可怕的职业，可怕之处就在于你明明抗拒这个职业，却又会不自觉地卷入最大化对病人及社会负责的轨道。”医生是个神圣的职业，奉献起来如同天使。

在冶金医院，巧致帮助冶金厂从零创建了全院效益最好的科室，排着长队的病人成了巧致割舍不下的牵挂，骨子里的慈悲心让她对待病人如亲人般温暖。正是源于这份执着的牵挂，不经意间命运为她开启了人生的另一片天地。

一次去深圳进修培训期间，她看着这座中国南方最具活力的城市，街头林立的美容院，突然想到自己的病人中有一位大姐，因为做“绿丹兰扒皮换肤”术失败后，满脸黑斑暗纹，脱皮流水，痛不欲生的样子，决定为她寻求治愈良方。

踏破铁鞋无觅处，得来全不费功夫。走遍大街小巷的巧致，在与大学同学聚会时，得知同学开起了美容院，正好是对祛斑祛痘有疗效的中医药特色修复美容。这真是他乡遇故知，两个同窗好友一拍即合，激动得饭也不吃了，趁着夜色跑到美容院，一一对照着讲解，体验。巧致为了全面掌握技术，硬是退掉了第二天的火车票，跟单位请假，自掏腰包在深圳多住了一个星期。要知道那一个星期的住宿费几乎花光了她在秦皇岛一个月的工资。

后来她的口腔科室中悄悄增加了一张窄小的矮床，那是巧致美丽事业上的第一张美容床。巧致在这里利用业余时间为那位“扒皮换肤”失败的大姐治好了脸上的黑斑。大姐治愈后抱着巧致失声痛哭，“妹子，要不是你，我真是想死的心都有。谢谢你，谢谢你救了我。”

酒香不怕巷子深，很快爱美人士就把这个口腔科当成了朝拜圣地。随之而来的是医院的风言风语，有人认为巧致不务正业有失医德，偷偷去找院领导告状。

巧致说：“我特别感谢那些不理解我的人，是他们促使我重新审视自己的人生。”

人生总有神奇的巧合，就在我们采访当天，巧致又遇到了那位被治愈的大姐，两个人站在街头，同时红了眼眶。巧致的善良与执着不仅成就了一个女人，也成就了一份事业。

艺海无涯，永不停步的执业追求

辞职后的胡巧致在秦皇岛市医学会专家门诊承包了美容科，创办了秦皇岛第一家有医疗背景的美容机构。两三个员工，几张美容床就是她的全部家当。20 世纪 90 年代初期，人们的思想还很保守，对“美容”一词尤为陌生，只有有皮肤问题困扰的人，才有勇气走进美容院一探究竟，他们成了巧致的第一批顾客。

为了打消他们最初的疑虑，巧致打出了“无效退款”的招牌，让每一位走入美容院的顾客放下戒备，敞开心扉。巧致说：“虽然脱下白大褂，但我内心始终觉得自己还是个医者，愿意不计代价为病人解除痛苦。”

巧致根据自己从小耳濡目染学到的中医药知识，在实践中一点点升级了美容配方，让祛痘祛斑疗效肉眼可见地好了起来。良好的疗效就是无言胜有声的宣传，一时间，小小的美容院竟一床难求。

就这样，巧致赢得了忠实顾客，并且其中很多人成了巧致的知心朋友，甚至是生意上的伙伴。他们主动给巧致投资，让她扩大门面，以便服务更多有需要的姐妹们。巧致说：“追求美的路上从不孤独，姐妹们你追我赶都想变得更加美好。”怀揣着姐妹们的信任与寄托，巧致买下位于海阳路上 200 平方米的门店，开始向更高领域进发。

“工欲善其事，必先利其器。”虽然美容院的生意越来越红火，但巧致却从来没有把自己当作生意人，医者的身份已经根深蒂固地融入她的身体。不同于同业者挣钱、扩张、再挣钱、再扩张的成长路线，巧致事业版图的每一次调整，都源于她真心想为爱美的姐妹们解决实际问题。所以伴随着事业版图的扩大，巧致求学求技的半径也在不断扩大。哪里有最新的美容整形技术，哪里就一定有巧致谦虚地叩问和严谨地实践。

原总装备部北京黄寺美容外科医院是中国最早的整形专科医院，巧致推开这里的大门，自信而坚定地对院长丁芷林教授说：“我立志要做中国最好的整形医生，所以我要到中国最好的整形医院跟最好的医师学习。”巧致虚心好学，颇具天赋，悟性极高，给丁教授留下深深的印象，丁教授曾经意味深长地说：“今天你是我最出色的学生，明天就是我最可怕的对手。”

北上长春，巧致师从于我国最早的整形专家吴学军教授，并在他现场亲自指导下，成功操作了第一台由巧致独立完成的丰胸手术。

听说韩国整形技术先进，巧致在三年时间内多次往返韩国，先后在韩国数十家专业整形美容机构参观学习、跟台观摩。后来拜师于首尔大学朴明旭教授，朴教授是黄帝云整形美容医院的首席专家，终身解码童颜术的独创者。起初，傲慢的韩国教授并不重视这位来自中国的文弱女性，但后来他发现每一次实操，第一个准确无误复盘他的技术的学员都是这位叫胡巧致的中国女性。他被这位中国女性骨子里的坚强柔美折服，不但成为事业上的伙伴，还成了生活中的好友。

学成归来的巧致信心百倍，以自己的名字冠名整形医院，以自己的形象代言整形医院。伴随巧致整形美容医院的广告铺满秦皇岛大街小巷，胡巧致俏丽的模样也深入港城人心，成为最靓丽的城市名片。当时这种大胆的做法对于高投诉率的美容整形业来说基本上属于行业大忌，巧致算是行业内“第一个吃螃蟹的人”。但巧致就是有这种固执的坚持，她说：“要让顾客有信心，首先自己就要有信心，我胡巧致站在社会上经得住考验，绝不给老胡家列祖列宗丢人！”

“春风先发苑中梅，樱杏桃李次第开。”对整形医院来说，过硬的技术如北方大地上的春风，催动阳气，焕发生机。巧致总是底气十足地动员员工勤学苦练，“技术就是生命力，在一个有生命力的体系里，我们的收获必将如约而至。”

果然，预约手术的顾客排起长队，巧致应接不暇，最多的时候甚至一天做十几台，结束一天的工作，已经是第二天的黎明。离开医院的巧致依旧重蹈父祖的老路，把全部时间和精力都奉献给了需要她的姐妹们。巧致禁不住也笑话自己："我就是刀子嘴豆腐心，一看到顾客坐几十个小时火车大老远来投奔我，就舍不得让他们在宾馆多等一天。"

美是一种永无止境的追求，对先进技术的追求同样没有止境。当时拉皮除皱术已是一种成熟技术，巧致在操作过程中却越发感到这种几乎切开整个额头皮肤的除皱术，创伤面太大，给病人造成较大痛苦，并且会产生新的疤痕组织，增加预后风险。

巧致想能不能用更小的创口来实现除皱效果呢？她咨询了国内外各大整形医院，得到答复均是不能。巧致不服气，她决定自己动手研发一台符合内心设想的仪器。那时候大型光电抗衰设备在国内基本属于空白状态，巧致从外科手术用于止血的高频电刀上获得启发，觉得同样的原理作用在拉皮手术中可以起到快速愈合创伤、减少疤痕组织形成的作用。论证了技术路线的可行性后，她开始不断地试验把高频电刀改良成最满足拉皮手术效果的制式。一台接一台的手术之余，巧致把整形医院的全部收入都投入到这种新型仪器的研发上，财政亮起了红灯。员工们不理解，连爱人都觉得她异想天开，一个不懂机械的小女人怎么可能真的研发成功新型仪器呢？巧致只好自己给自己打气，失败了，再来，不满意，重做。没有人能预知未来是否成功，巧致但求不辜负自己的初衷。一切为了病人，一切为了生命。

巧致咬牙坚持了三年，当公司透支到流动资金已经不足以支付当月水电费时，巧致终于研制出了第一台符合她要求的光波汽化除皱仪，手术创口从原来的整面额头，缩小到额顶的一个点，这是中国美容史上第一台具有"微创"概念的整形仪器。

长出一口气，巧致内心有一种劫后余生的庆幸。人生如果重来，她一定还会义无反顾地投入研发，因为她对技术的要求近乎偏执。优秀的医者，从来不会止步于满足病人的诉求，她会通过对技术的敏锐把握和极致要求，提供给病人更安全更舒适的治疗方案。

第二年，胡巧致带着这台宝贵的光波汽化除皱仪参加在香港举办的世界综合医学大会，并一举获得紫荆花创新医学金奖。这个奖项第一次花落内地民营女企业家手中，胡巧致的名字开始被业内传颂。

巧致为光波除皱仪申请了专利保护，一年之内全国有78家医疗机构加盟巧致集团使用该项专利，其中不乏大型公立医院。如今这项发明已经过了专利技术的20年保护期，但在美容整形行业内依然领先，邯郸医学院的整形外科至今还在使用。

回溯发明之路，巧致对当年的不易总是一语带过。她笑着说："都是老天爷赏饭吃，走上美容之路的初衷是不忍看到病人满脸黑斑的痛苦，发明除皱仪还是不忍看到病人手术过程的痛苦。"一位哲人说过，用慈悲的心体贴关怀，即使一无所有，都足以安身立命。巧致的成功，就是最好的验证。

依靠光波除皱仪专利技术获得的收入，巧致买下环岛附近500平方米的独栋门市，医美事业再次跃上新台阶。

随着事业版图的扩张，巧致的工作重心需要由台前转为幕后，她开始聘请专家团队操作手术，自己腾出更多精力来关注团队的成长和企业文化的提升。

本着对技术水平的执着追求，巧致在专家团队的挑选上，可谓费尽心思。有一位专家，是我国磨骨整形领域的泰斗级人物，巧致通过一次学术会议认识后，曾多次上门拜访。专家被巧致的真诚打动，合作几成定局。但巧致却不合时宜地提出一个让双方都颇为难堪的要求，就是签订合作协议之前，巧致必须要亲自观摩一台专家的主刀手术。

专家自然不满，"你是信不过我的水平，还是想偷师学艺？"

"您别误会，我只是需要通过手术了解您的整形理念，这样我面对顾客的咨询会更有针对性地推荐，也会更有底气。"

专家在巧致不近人情的坚持下，只好让步。谁都没想到，那次观摩过后，巧致竟坚决阻止了合作。

原来在手术过程中，巧致竟然闻到专家嘴里不甚明显的酒气。"也许对于别人来说小酒怡情，但对于整形领域的外科大夫来说，这是不可原谅的。长期的酒精浸染一定会损害外科大夫的操作稳定性，另外，这也说明他本人并不敬畏这个行业，并不敬畏自己的病人。没有敬畏心的专家，技术再好我也不要。”

一个民营美容院竟然有向行业泰斗说“不”的勇气，巧致对医美技术近乎偏执的尊重，可见一斑。正是源于这份尊重与敬畏，巧致整形美容医院一步步发展成为行业标杆，胡巧致本人更是被行业内推荐为中国医师协会整形美容民营分会副会长。

美无定式，“心灵塑美”成就满分女人

爱美人士中流传这样一句话：整形分两种，一种是普通整形，一种是巧致整形。

巧致整形的口碑能够在行业内独树一帜，不仅是因为卓越的技术，更是因为巧致独创的“四维微整形心灵塑美”标准。“四维微整形”的核心理念就是将三维组织结构的改变与时间紧密结合在一起，让心理与形象逆时光而回转，打造出形神兼备、心相一体、自然和谐的美容最高境界。

心，是一切根源。一个人所有的力量都来源于心，一个人所有的美丽也都来源于心。可以说，巧致的“四维心灵塑美”不但树立了整形业的“心美业”，更是直接将整个行业推到一个新高度。

早期整形行业并没有自己的标准，有些医生明明按照顾客的要求完成手术，手术效果也很好，可顾客就是不满意，甚至还会要求二次修复。不是因为医生技术不好，而是没有在美学审美上与顾客达成一致。整形医生一定要了解——大多数顾客并没有自己的审美观。

“我想要赵薇的眼睛。”

“我喜欢李冰冰的下巴。”

“我能不能做成周迅的嘴。”

望着一张张年轻而富有活力的面孔，巧致常常为这样的要求而暗自叹息。美无定式，世界因多彩而美丽。如果整形的结果是将每个独特的灵魂变成整齐划一的玩偶，巧致必不会为这项事业倾尽心力。

扭转现代人的审美观，树立自美标准，巧致能够凭借的，只有一己之力。时间又一次见证了这个小女子体内蕴藏的巨大能量。

“大眼睛高鼻梁不一定就是美，美是我们自己的和谐统一，跟我们的骨骼、气质息息相关。”巧致一遍又一遍不厌其烦地给顾客讲着“东施效颦”“邯郸学步”的故事，让顾客相信，美丽属于每个个体。和而不同，是为大美。

美，不在别人脸上，不在医生手里，而是在每个人的心里。直面自己内心，找到自体灵魂对美的需求初衷，勾画出一个不但让现在的自己满意，而且多年以后仍然欣慰的方案。

“你的眼睛很亮”“你笑起来很美”，巧致总是由衷地称赞顾客，帮助顾客建立美的概念。巧致深深知道，只有内心坚定向美向好的追求，才会托起一个生命的美好绽放。

没有人否认巧致是个美丽的女人，更是一个美丽的整形专家。在这样一双洞若观火的眼睛里，巧致却相信，她看到的每个人都是最美的。挑剔与欣赏，在巧致的体内和谐统一。

她用欣赏的眼睛制订美的方案，用精准的技术降服挑剔的目光。“主钻石，次戒托”的整形理念正是源于巧致相信每个人都有自己的闪光点。找到顾客脸上最动人的焦点，如切如磋，如琢如磨，打造成光芒四射的钻石，其他部位类似戒托，匹配上钻石的光芒，和谐衬托，才是蕴含本人气质的美。

巧致对美的定义始终“千人千面”，所以单个客户咨询时间要远远长于行业平均水平，不但顾客不理解，连美容院自己的咨询师都觉得过于复杂。有个新来的咨询师，因为不认同巧致的理念而被辞退。“我们不能为了抢时间挣钱，而让顾客承担冲动消费所造成的后悔。美从来不是模仿，一定是由内而外的，是真正地悦纳自己。”

巧致对美的要求直通人心，经得起时间的检验。

在行业内的研讨会上，有人向巧致讨教如何做到每次都先于流行趋势而捕捉到时代脉搏。一次两次可以用幸运解释，从业近 30 年一直保持行业领先则必有原因，连巧致自己也会叩问。这一路走来的孜孜以求，不过就是不改初心——敬畏大美，敬畏病人。

“敬畏”是巧致心底长鸣的警钟。因为见过太多向她求救的整形失败案例，有的案例甚至要经过好几次修复手术才能矫正，病人的痛苦无以复加。巧致说：“每一个失败案例的背后，都有一颗饱受煎熬的灵魂。美是一把双刃剑，有时给人带来希望，有时把人打入地狱。”

打捞地狱里的灵魂，成为巧致做不完的功课。

有一个隆鼻失败的小姑娘，在不正规的医院三年间接受了三次手术均告修复失败，鼻假体压迫鼻腔和鼻柱，整个鼻子严重变形，炎症分泌物倒流口腔，夜晚只能用嘴呼吸。小姑娘的身心受到极大打击，几度轻生。她妈妈带她来到巧致整形，母女俩口袋空空，把生的希望压在了巧致身上。巧致最见不得病人的痛苦，当即收下了这对母女，并安排母亲留在医院担任保洁。后来巧致用两年时间通过一次大手术三次微创帮小姑娘把鼻子恢复到最佳状态，并从此多了个追在她后面喊她“胡妈妈”的小跟班。

巧致也有“看人下菜”的时候，整形手术不是谁来都给做的。有一位中年的女性顾客，一进门的诉求就是切眉，她觉得自己的眉形不好，影响了五官，也影响了运气。在 20 世纪 90 年代，人们的整形意识比较保守的时候，在自己脸上动刀是需要莫大勇气的。巧致知道，看似简单的诉求下，往往隐藏着更深的心理需求。

原来这位顾客曾经是全职太太，但因为老公外遇，不得不带着两个年幼的孩子离婚另过。生活的平衡被打破，随之而来心理的平衡也面临崩溃。她觉得如果自己再不改变，恐怕连活下去的勇气都没有了。

巧致不无忧虑地看着她的顾客，她知道手术刀只能改变面容却无法改变命运。女人必须得自强自爱，做自己命运的主人。“你的眉形很好看，不需要切眉的。”

顾客听见巧致这样说，进门以来第一次露出了笑容，她拿过旁边的镜子，不敢相信地照着。

“你笑起来真美”，巧致不失时机地夸赞，“你看如果我们把眼睛张大一点，把睫毛上翘一点，眼睛是不是变得有神了？”巧致顺手帮顾客画好眼妆。“眼睛有神，气质就出来了，因为眼睛是心灵的窗口啊。”

顾客对着镜子照个不停，好像第一次发现自己的美一样。

这单生意巧致最终没有做，她让顾客相信自己本来的美，一身轻松地离去。

两年以后，顾客再次登门，巧致发现她已经由原来那个失落的弃妇变成一名成功的商人，举手投足间挥洒着自信的神韵。

这样的例子不胜枚举，巧致传递出的正能量，在爱美的姐妹中间流淌，激励她们变得更好，更美，更自信。“再难的手术都是熟练工，操作多了就不难了，可是扭转一个人的思想太难了。”巧致努力帮助顾客认识到自己的美，或者认识到自己曾经最美的样子。她想让顾客一点点找回最初那个一百分的自己，顾客的每一点进步她都欣喜若狂。“这不是简单的医疗过程，这是陪伴顾客追寻内心向往而逐渐提高的过程。看到一个人因为我而变得更美好，怎么会不兴奋？”巧致笑得很美，“不但兴奋，而且幸福。”

靠近太阳，全世界都无法阻挡她的阳光。

大爱无疆，达则兼济天下

“您是不是胡巧致？”一次，巧致打车时司机师傅突然问道。

“是啊，您认识我？”巧致也好奇。

“我是卢龙县良仁乡的，我们那儿十里八乡的提起您，全都竖大拇指。”

下车的时候司机说什么都不肯收车费，“能为您开车太荣幸了，您为我们做了那么多好事，今天我终于有机会向您说声谢谢了。”

司机师傅口中的良仁乡，承载着巧致浓浓的牵挂。2006 年，市妇联组织几家企业结对子帮扶卢龙县的贫困小学。学校年久失修，操场杂草丛生，教室岌岌可危，再不修缮孩子们就要失学。巧致想，孩子就是祖国的未来，少年强则中国强，大家都来帮一把，一个企业出 5 万块钱，学校就有救了。

可是后来妇联领导又找到巧致，其他几家企业都因为资金紧张不能赞助。领导欲言又止，巧致知道这是不好意思问她能不能独自扛下这所学校的修缮费用。巧致一个月的流水根本不够，但她想到寒风中瑟瑟发抖的孩子们，又于心不忍。她咬着牙说：“我再想想办法”。

那一夜，巧致彻夜未眠。从创业之初就没有借过一分钱的巧致，决定为孩子们挺身而出。第二天，巧致找来院里的老员工，和盘托出帮助孩子们的想法，员工们都了解自己的院长，别说这么多花蕾一样的孩子们，就是平常来医院做整形的病人，巧致见到困难的也必然要伸出援手。员工们说：“院长你放心做吧，资助孩子们是好事，我们信你。”就这样，巧致不但把医院账面上的资金都拿出来，几个老员工还分头凑了几万块，终于凑够了第一笔捐助款 30 万元，可以帮孩子们把危房教室改建了。

在巧致春蕾小学的奠基仪式上，巧致为孩子分发带去的新书包，一个小女孩抱住书包一个劲儿哭。她叫肖月姣，成绩优秀却因家庭贫困面临退学，她抱住的不是书包，而是她的未来。

巧致放不下肖月姣，活动结束后随她回到家里，叮嘱她父母一定要让孩子继续上学。巧致不但资助她学费，还给家里留下生活费。临别的时候，肖月姣拉住巧致的袖子怯怯地问："我可以叫你巧致妈妈吗？"

"巧致妈妈，今天老师教我们练习跳远，我摔了一个大屁墩，可疼了，老师说如果是沙坑跳远就不怕摔了。"

"巧致妈妈，今天我们这里下了大雨，我骑车的路上，车轱辘陷入泥里，摔成了一个大泥猴。最可笑的是，等我到校一看，同学们一个个都摔成了大泥猴。"

"巧致妈妈，同学们在你建的乒乓球室玩得可来劲了，我们参加县里的比赛还获奖了呢。"

"巧致妈妈，长大以后我也要做像你这样成功的人，和你一样去帮助更多的人。"

肖月姣的"巧致妈妈"从小学叫到大学，一晃已经15年过去了。巧致在与孩子们的通信中了解学校的难处，每年挤出经费资助学校，比如修建操场、多功能厅、乒乓球室、图书室，甚至连乡里通往学校的路也修成了柏油马路，孩子们再也不用担心下雨天摔成泥猴了。

为了帮助更多贫困家庭，巧致又发起成立了"巧致爱心基金会"，基金全部来源于员工捐款、公司财务支持和巧致爱心会员捐款。从此，巧致在慈善的道路上越走越远。每次遇到弱势群体，总是不忘张开双臂，去为他们送上温暖。

在2010年5月世界徒步大会上，巧致在徒步期间，认识了"感动中国英雄母亲"陈玉蓉，她在明知自己有大脚骨的情况下还坚持暴走为儿子换肝筹集后期治疗费。巧致也是母亲，深深了解"为母则刚"背后的痛楚，她亲自为陈玉蓉实施大脚骨矫正手术和面部年轻术手术，让这位"英雄母亲”迈向新生活的脚步更有力量。在巧致的感召下，员工也纷纷解囊，共筹集捐款 3 万元，送到陈玉蓉妈妈的手上。坚强的女人互相欣赏，互相鼓励，约定要一起变得更美更健康。

在巧致温婉娴静的外表下，拥有一颗滚烫涌动的爱心。“穷则独善其身，达则兼济天下”，长期以来，巧致带领她的员工，在秦皇岛的大地上，留下了长长的一串爱心足迹。

爱出者爱返，福往者福来。巧致集团在多年志愿服务活动中构建了自己独有的企业文化。2020 年，面对突如其来的新冠肺炎疫情，巧致迅速响应号召，捐出消杀防疫物资，全店闭店三个多月。没有收入，只有支出，巧致愣是咬着牙坚持，员工工资足额按月发放，一分不少。“越是这样的困难时刻，越要为员工着想，不能让他们有后顾之忧。”巧致的父母、哥嫂，还有她的爱人“小宇哥”都是她的坚强后盾，他们把存折交给巧致，告诉她“别发愁，还有”。

但巧致没有想到，老员工们也主动站出来。他们想到了巧致在闭店期间会面临的危机，竟主动发信息给她要求停发或者减发工资。毕宝江，在巧致干了十多年的普通足疗师，默默地给巧致转了 5 万元。老旁，在巧致干了快二十年的普通美容师，打过来 8 万元……

“你说他们图什么呢？”巧致问我。

我想这就是巧致多年来的善行大爱所投掷出的动听回响。林语堂说过，如果世界有了美而缺少爱，那将多么枯燥。巧致在塑美的路上，播撒爱的种子。在爱的路上，播撒自信和成功。

巧致的自信有目共睹，但我却在她美丽的脸上见到过不自信的样子。

转过头不看我，抬手轻轻挡住额头和眼睛，笑容很勉强，说话也变得吞吞吐吐。这是当我问她“作为女儿、妻子和母亲的角色，能给自己打多少分”时，巧致的种种表现。

她几乎是求饶似的小声说：“勉强打 60 分吧，我在家庭中做得特别不好，特别惭愧。”

当我问她：“最满意什么角色呢？”

像被金手指点化一样，自信和笑容马上又回到巧致脸上，“院长，这个我能打90分！”骄傲之情溢于言表。

巧致集团成立27年，在百余名员工中，跟随巧致干了二十几年十几年的员工比比皆是。在这个人员流动性极大的行业，巧致集团却稳稳地保留着创业至今的主力团队。

其实也有中途离开巧致的，利用在巧致学到的本事闯出属于自己的天地。但是当巧致遇到发展瓶颈时，运营总监杨垒关掉自己正在赚钱的工作室选择回归，被高薪挖走的咨询师赵海英选择回归……

这是一个有归属感的企业，巧致的基因强大。

多年来，巧致一直坚持要带领员工成长，她的高级管理团队都是跟着她一路走来成长起来的老员工。“我一定要给他们成长的方向和机会，我一定要陪伴她们向上成长，我要让团队的每一天都变得更优秀，否则我就对不起他们的信任。”

谈到未来，巧致说：“我要成为一个教练式导师，赋能给我的团队和员工，让他们成为人生冠军。”

巧致仍旧讷于言而敏于行，当她仅仅提及为团队和员工赋能的时候，她的爱心与能量已经在更广范围铺开。巧致社区店、女神超级门店、小白创业平台开始在全国各地悄然兴起，巧致正在吸引更多人融入她的大家庭，一起成长，一起美丽，一起为世界绽放光彩。

后记

不得不说，巧致不是一个很好的采访对象，原因有三：第一，她每天工作超过12小时，忙得没有时间接受采访。第二，她记不清一手创办的整形医院几次跨越式变化的时间，记不清自己获得的国家荣誉、参加的重大盛会，只对一路走来的心路历程如数家珍。第三，她对宣传自己非常抗拒，只想默默耕种自己的福田。当我搜到互联网上记载的“她曾代表中国在日本举行的世界美容医学学术大会上进行权威发言，为中国医学美容加入国际联盟作出巨大贡献”，在微信中请她描述过程时，她说希望这篇作品更专注于给求美者带来思想和心灵的改变，而不是吹捧她个人技艺的高超。

这就是她，让我在采访时感动、写作时痛苦的女人。

出东侯庄村记

文 / 鲁建滔

侯凤清至今还记得在高中毕业时疯狂练习长跑的情景。凌晨两三点，她顶着星星和月亮，腿上绑着沙袋，背上背着沙袋，从位于石门寨的侯庄村家里，往海港区跑，往北戴河跑，往青龙跑——她渴望成为一名马拉松运动员。

40 年过去了，她没有实现自己的体育梦，但是她在另一条路上实现了生命的华美蜕变——她创立了一家安防公司和一家物业公司，年销售额能达到 2000 多万元，公司员工达到 500 多人。但这并不是她的终极目标，她的下一个方向又瞄准了养老产业。

就像她当初喜欢长跑一样，在人生的道路上，她总是锲而不舍超越自我，一旦出发必须到达。

热爱体育的女孩

侯凤清从小就喜欢体育运动，杂技、体操、田径、篮球、武术……

她都喜欢，从上小学起，她就多次代表学校参加县里和地区的比赛，成绩总是名列前茅。尤其是跳高项目，连续三年打破县记录，为学校争得了荣誉。

从事体育锻炼免不了磕磕碰碰的，受伤是家常便饭。有一次在学校训练单杠时，她不小心从单杠上掉下来，她当时摔蒙了，感觉左眼眶下面钻心地疼，但还是坚持训练完项目，当时老师和同学们也没发现她有什么异样，等到晚上回到家里，爸爸妈妈发现她的左眼眶下面又青又肿。

有时进行体育表演还要冒点险。有一次在抚宁县（今抚宁区）礼堂表演杂技空中叠凳，这个项目是她的小学体育老师教的，她需要一边攀爬一边叠加椅子，在叠加了 6 把椅子后主办方就没有再让她往上加椅子了。因为受场地限制，她的身上没有拴上安全绳，当时自己还感冒了，她还是坚持做完了表演，博得了全场喝彩，受到了县领导的嘉奖。

侯凤清说，这种没有安全措施的表演其实是有危险的，但是当时可能不觉得，也不知道苦和累，就是单纯的喜欢。那时的学校很重视体育项目，她很享受那种体育生的生活，经常参加各种各样的集训，一集训就是一两个月。高中毕业，她仍然没有放弃对体育的热爱，她仍旧天天坚持长跑，冬天跑、夏天跑，周围的人都说她魔怔了，他们哪知道她的想法——她想成为一名马拉松运动员。

比赛的机会终于来了。

1985 年 5 月，秦皇岛市举行了一场马拉松比赛，在全程 42.195 公里的比赛中，侯凤清代表单位——柳江煤矿参加了马拉松比赛，当时她跑出了 2 小时 48 分的好成绩，拿到了第二名，山海关桥梁厂一位叫黄静梅的人获得第一名。

这份荣誉让她十分激动，她感觉离自己的梦想又近了一步，自此她更加刻苦地训练，爬山、负载、拿大顶，各式各样的体能训练，她咬牙坚持、坚持、再坚持，渴望有一天能代表国家征战国际马拉松比赛。

她相信自己能够实现梦想。在 20 世纪 80 年代，整个社会对体育运动非常重视，除了学校重视之外，各工矿企业都有自己的篮球队，经常参加各种比赛。市里也会有春季运动会、秋季运动会，参加这些比赛让她很振奋。然而，经过几年的艰苦训练之后，命运之神没有再次眷顾她——在20个世纪八九十年代，国内的马拉松比赛并不多，而对于砖厂女工侯凤清来说，更是少有参加比赛的机会，那时国内也没有女子马拉松比赛这一项。侯凤清的体育梦破灭了。

在砖厂和印刷厂的日子

高中刚毕业时，侯凤清在柳江煤矿的一个砖厂码砖坯子。两位工人从砖车下往上扔砖坯子，侯凤清和另一位工人站在热乎乎的砖车上接，然后把砖坯子整齐地码到砖车上，等砖坯风干了再送回窑里烧。一天8小时干下来，侯凤清累得走路都走不动了，站着就睡着了。时间一长，尽管戴着手套，她的手上还是磨出了厚厚的茧子。

她当时的日工资是1.28元，再加上夜班的补助，每个月能挣50元左右。侯凤清兄妹共8个，哥哥姐姐们都已经结婚单过。家里只有她和父母以及两个弟弟，全家5口人就靠着50元的工资生活，当时两个弟弟还在上学。

在砖厂码了几年砖坯子之后，她还是离开了砖厂，因为她要转成正式工没什么希望。

这是侯凤清的至暗时刻，她不愿再回到农村待一辈子。天天为吃不饱饭发愁几乎是她对农村生活最深刻的记忆，她不想再回去过这样的日子。每次把工资交给妈妈的时候，看着妈妈高兴的样子，侯凤清自己心里挺骄傲的，每当看到妈妈离去的背影、想想爸爸没日没夜地忙碌，鼻子一酸经常跑到角落里流泪痛哭，心疼爸爸、妈妈的不容易和辛苦。作为两个弟弟的姐姐，她终于可以为父母分担一些责任了。她默默地在心里告诉自己，一定要做个坚强的人，要让家人过上好日子。

从砖厂出来之后，因为篮球打得好，侯凤清来到耀华业余体校，平时训练，有比赛时就代表耀华参加各种篮球赛。因为挣的钱不多，在耀华业余体校待了 2 年多之后，侯凤清应聘到市第三印刷厂上班。

在这家印刷厂，侯凤清不用再干又苦又累的活了，她又遇到新的困难——她需要独自出去跑业务。

一个农村姑娘，一开始怕人家瞧不起，不敢上单位拉活去。后来觉得不行，不能 3 个月试用期没过就被辞退了。她不敢找和她同龄的人，怕人家笑话她，她就专找单位岁数大的人说：“叔叔阿姨，我是印刷厂的，你这有需要印的活儿吗？我这是靠提成赚钱的，没活就没饭吃。”她这么一说，有的人同情她，就把印刷的活儿给了她。

当时印刷厂有业务员 30 多人，别人大都是骑着摩托车出去跑业务，只有她骑着自行车，戴个草帽，卷起裤腿，在市区到处跑，整个人晒得又黑又瘦。别人一天跑 6 个单位，她一天能跑 12 家单位，甚至连殡仪馆这样的地方，她都壮着胆子进去拉过活儿。

靠着这样的努力和付出，她不但在厂里留了下来，而且业务量年年排第一。大概在 1987 年的时候，印刷厂的上级领导看她特别能干，就把她的户口给解决了——她成了一个城里人。

在印刷厂稳定下来的同时，她的薪水也水涨船高，每个月加上业务提成她能挣到 2000 多元。厂里对侯凤清的工作也是很认可，她的事迹被报纸和电台多次报道。

爱折腾的人

乔布斯说：“你所经历的点点滴滴，将在你未来的生命中串联起来。你要跟随你的直觉和好奇，学习很多东西，这些今后都是你的无价之宝。”

侯凤清就是这样一个凭着“直觉和好奇”爱折腾的人。

1990年，她还在印刷厂上班的时候，有一天，她看到报纸上有一个招聘民警的启事。“当民警多好啊”，她找同学商量，同学给她泼冷水说，应聘的人很多，你别痴心妄想了。她不服气，真的去应聘，没想到成功了。

两年后，她遇到一次机会调到市公安局保安公司，做业务科科长，保安公司是市公安局直属单位，虽说不是直接执法单位，却是公安干警的协勤助手，和公安干警一样为百姓的人身财产安全作贡献。侯凤清为这份工作感到自豪，她在单位表现非常突出。1993年，她正式加入中国共产党。

但侯凤清并不打算在保安公司干一辈子，在她的心里，早已种下了一枚不安分的种子，她老想自己要干点什么。

有一次，一位朋友家遭遇小偷的经历给了她启发。小偷是撬掉厨房的护栏溜进家里的，等到警察到来后人已经跑了。怎么能做到小偷进屋之前就能发现和报警？侯凤清觉得这其中有商机，她就看书查资料，发现安防产品未来的市场空间是很大的，但是在当时的秦皇岛，像红外报警器、红外监控这样的东西并不多见。

在从单位办理提前退休后，侯凤清创立了一家叫作圣达安防的公司，公司地址在海港区红旗路上。

一切都是一穷二白。没有工作人员，她找表妹来帮忙；没有启动资金，她通过朋友借了10万元的高利贷，借期一个月，实际上到手的资金才9万元，月底要还10万元；房租一年9万元，他和房东协商一年分两次付；没有进货的钱，她从大姐那里借了5000元，又找厂家商量赊货。临到月底，借的高利贷快到期了，她着急了，又找朋友拆借，加上收到的一些货款，终于把10万元高利贷还上了。

侯凤清说，当时心里也没底，但是自己给自己暗示说，不管怎么的，自己想尽一切办法一定要把这事做成了。

资金难题几乎是民营企业经常遇到的困境。圣达安防在刚成立时的资金困境并不是她最难的一次，此后她还曾多次遭遇类似问题，甚至担心员工的工资不能按时发放整宿整宿睡不着。“经营好的时候借钱容易，遇到困难时借钱难。”她由此感慨：“雪中送炭的少，锦上添花的多。”因为感同身受，她对朋友的求助总是尽力帮忙。前几天，有朋友向她借钱，她当天就把钱打给朋友。当朋友再三表示感谢时，她感慨：“朋友肯定是借了一圈没借到，所以心存感激，大家其实都不容易。”

成立物业公司

侯凤清的圣洁物业公司位于海港区一个小区的居民楼里，并不引人注目，一墙之隔就是一所小学。七年前，为了接孩子方便，她把公司搬到这里。她的办公室狭小而局促，甚至连墙皮都快要脱落了。

2009 年，在她的圣达安防公司进入一个平稳期之后，她决定要成立一家物业公司，这不是一时心血来潮。

圣达安防公司在最初的三四年时间里，因为市场竞争对手少，公司销售的红外报警器、红外监控等安防产品非常受欢迎，她从来不用担心销售的问题。后来，随着更多竞争者进入，价格战愈演愈烈，市场已经不像以前那么好做了。

还有一个问题是，安防产品的更新换代特别快。老产品还没有卖出去，新产品又出来了，经销商只能疲于给厂家推销新产品。客户对此也有意见，刚预定了老产品，一问厂家老产品已经不生产了，有时候也很难跟客户解释。

对于做物业公司，她是这样考虑的。圣达安防公司面向小区住户和单位，提供安全防范解决方案，而物业公司也是面对小区的，提供保洁、保安、绿化等服务，二者能够发生协同效应。

还有一个原因，物业公司是做服务的。她来自农村，曾经在砖厂、印刷厂工作过，吃过很多苦，她有信心能把服务做好。

刚开始，为了抢占市场，侯凤清连很多公司不愿意做的马路保洁业务也接。2014 年，她接手了 205 国道和 102 国道的两段路的保洁业务。为了把业务做好，她自己带人亲自去这些路段打扫卫生。真心付出终于换回认可，2015 年，秦皇岛经济技术开发区的交通主管部门专门对圣洁物业的专业精神进行表彰。

好物业是怎么炼成的

前几天，侯凤清参加了一个小区的物业招标会。在会上，她说，如果我们公司能为咱们小区服务的话，我愿意把爱心给予每家每户，让大家生活得更舒心。

话好说，但是要把物业服务做好并不容易。

圣洁物业服务的客户除了小区的住户外，还有学校和医院，在这些地方，由于人口流动大，保洁工作并不好做。

有一次，保洁员刚把地擦完，就有人把地弄脏了，保洁员接着进去擦，又有人弄脏了，等到擦到第三遍的时候，单位的物业负责人不高兴了，当场就把保洁员骂出来了，公司主管赶紧赶过去问明缘由。单位的物业负责人说，啥也不说了，你赶紧换人吧。换了三四个人，对方还是不满意。公司主管只好说，你看你中意谁我给你派谁。单位的物业负责人提出了一个人的名字，这个人之前在这里干过，但因故已经从公司离职。要把这人找回来并不容易，公司又给涨工资又派人好言相劝才把原来那位保洁员请了回来。

侯凤清说，服务行业就是这样，为难的时候挺多。比如保洁员做的已经很细心了，但是有的人就故意乱扔垃圾，保洁员还得一遍遍收拾。还有极少数客户，不管保洁员做的工作到没到位，只要他不高兴，就故意给保洁员甩脸子。但是我们不能给人家甩脸子，要千方百计满足人家的要求。

因为这些事，公司负责保洁的主管都被气哭了。侯凤清安慰说："一切都会好起来的，啥事都要通过慢慢磨合，有需要我出面的，我去给你解决。"

2020 年新冠肺炎疫情期间，侯凤清来到市第三医院，一边和保洁员们一起对环境死角进行消杀，一边为他们做心理疏导。她告诉自己的员工，面对新冠病毒，不要有心理恐惧，在坚持上班的同时要做好个人防护。新冠肺炎疫情期间，圣洁物业公司派往市第三医院的保洁员们工作认真负责，受到医院的表彰奖励。后来，市总工会也对保洁员们进行了表彰奖励。

小区的物业费不好收是行业难题，对侯凤清来说也不例外。侯凤清是一个面慈心软的人，对于那些困难户，她也不好意思催收。她觉得这样下去不是办法，就把市场拓展的重点转到为医院、学校这样的单位服务上了。

不能亏欠员工

做保洁的人员，大都是五六十岁的中老年人，有农村的，也有市区的，家里条件都不是很好，侯凤清总觉得自己不能亏欠他们，甚至她还想尽办法帮衬他们。

有一次，公司有位保洁人员下楼时摔伤了。公司的主管对侯凤清说，这位员工家里挺困难，但是平时工作认真负责。让主管为难的是，她又不是工作时受的伤，不能走工伤保险来报销。难题摆在侯凤清的面前，她拍板说，干脆公司献点爱心吧。找个不太忙的时候，她带领公司管理人员找到这位员工的家里，捐款 5000 元，把员工感动得热泪盈眶。

还有一次，她发现办公室一位姓陈的小伙子没来上班，就问工作人员怎么回事。工作人员告诉她，这位姓陈的小伙子是孤儿，是奶奶一手带大的，这两天他的奶奶生病住院了，他回家照顾奶奶去了。听同事这么一说，侯凤清内心受到很大的触动，她觉得小伙子真是一个既懂事又孝顺的好孩子。等到他再来上班的时候，她拿出 3000 元给他说，先给奶奶看病，等奶奶病好了再回来上班吧。

在圣达安防和圣洁物业，每个月员工的工资开支 100 多万元，保证员工工资也成了侯凤清心中的大事。“很多保洁员、保安员的家庭条件并不太好，工资就是他们的生活费、看病的钱、孩子上学的钱，不能有一天拖欠。”每个月 15 号，圣达安防公司和圣洁物业公司总是按时给员工发工资，从没有拖欠过。2020 年年初以来，因为受新冠肺炎疫情影响，很多学校不能及时给圣洁物业公司结算物业费，最多的时候达到 200 多万元，因为一直没有回款，为了按时给员工发工资，她只能自己先筹措资金给员工发放工资，为此还从银行贷过款甚至借过高利贷。

2020 年抗击新冠肺炎疫情期间，圣洁物业在市第三医院工作的 6 名保洁员为了工作的需要，放弃春节与家人的团聚，主动请缨，要求与医院的医护人员封闭隔离参加抗疫消杀清洁等工作。28 天的封闭隔离保洁工作，侯凤清也真是 28 天没睡过一个好觉，天天挂念担心封闭隔离的保洁员，并在公司内部讨论这些员工的辛苦及报酬时，她力排众议，决定对这些员工隔离期间的工资翻一番。“他们是为抗击疫情作出贡献的人，不能亏欠了他们。”

走出侯庄村

侯凤清的父亲是村支书。侯凤清小的时候，有人给父亲送来一盒用草纸包着的上面顶着一块红纸的点心，父亲怕孩子们吃了，就把点心放到柜脚的下面。等到天黑的时候，让母亲悄悄给人家还回去。侯凤清还记得，不管是一根红薯，还是一吊萝卜干，只要村民需要，父亲总是拿给最需要的村民，宁可自己家忍饥挨饿。

父亲还曾带着群众打井、搞副业、建窑，这给她留下了深刻的印象。“他是一个大仁大义的人，为村里百姓做了很多好事。”

尽管是村书记家的孩子，穷仍是她对小时候最深刻的记忆。当时母亲养了几只鸡，下的鸡蛋舍不得吃，拿到街上卖了买米吃。为了把鸡蛋多卖点钱，记得有一年“八一”建军节，侯凤清与最小的哥哥骑着自行车带上一筐鸡蛋，骑了三个多小时，跑到了 50 公里外的海港区天桥市场卖，添补家里的开销。对她来说，平常时候能吃到一碗高粱米饭就算不错的了。吃槐花、柳树芽，还有各种各样野菜是经常的事。

母亲 15 岁嫁到老侯家，结婚用的东西都是借的，结完婚又还回去。父亲整天在外忙，家里全靠母亲一个人操持，把 8 个孩子拉扯大。

大概是年少贫穷的缘故，侯凤清对家抱有特别的感情。在一个月挣 90 元的时候，有一次她“大胆”地动用了这笔钱，给父亲买只烧鸡，给母亲和两个弟弟买点东西，剩下的如数交给父母，这是她最欣慰的时刻。而现在，不管白天在公司多忙，晚上回到家，她都会给家人做好饭菜。

20 世纪 80 年代，侯庄村通往外界的是一条土路。1981 年，侯凤清高中毕业，通过这条路，她走出了侯庄村。后来又是通过这条路，她创立了圣达安防公司和圣洁物业公司。当年在这条路上练习长跑时，她对自己说，我不想就这么在农村平平淡淡过一辈子，我要自己闯出一条路来。

一方葡藤　一方美酒　一辈子坚守传承

文 / 师源　孙也达

从爱吃葡萄到爱种葡萄再到爱酿葡萄酒，出生在葡萄种植之乡的耿涛从小便与葡萄结下了不解之缘。选择葡萄相关专业钻研，毕业后几经锻炼回乡发展，潜心研究种植和酿造技术……耿涛践行着“不做百强只做百年”的家训，用“匠人精神”继续书写着中国第一家家庭酒堡的辉煌。“我坚信踏实是成功的垫脚石，努力是成功的催化剂，我愿坚实地走好每一步，把青春和岁月奉献给自己热爱的葡萄产业，为家乡发展贡献力量。”

情有独钟，小葡萄酿大幸福

1983年，耿涛出生在葡萄种植之乡——秦皇岛市昌黎县十里铺乡耿庄村。漫山遍野的翠绿葡萄秧和晶莹剔透的饱满葡萄粒，串起了耿涛整个年少时光。

春种希望、夏耕耘，秋获丰收、冬续耕，一年又一年，更替往复，从蹒跚学步开始，耿涛就懵懂地知道这是村里人的生活，也是自己的生活。

在耿涛的记忆里，大人们对葡萄藤十分爱护。“小时候淘气，但从不敢在葡萄秧下顽皮，因为我知道如果碰掉一片葡萄叶，大人们都要心疼好久。守护好葡萄这个想法，从小就印在了我的心里。”耿涛说。

耿涛最喜欢的季节是秋季，因为那是收获的季节，也是小时候唯一能够品尝到葡萄的季节。房前屋后、田地里、山野间都是丰收的喜悦，一串串葡萄颗颗饱满，空气中都飘散着香气。每到葡萄成熟之际，她总恋恋地躲在葡萄架下不愿离开。

“我从小就爱吃葡萄，怎么吃也吃不腻，闻到葡萄的香气都会觉得特别开心。我印象最深的是老家院子里的那棵葡萄藤，天天盼着它长果成熟，结出果实后还常常到藤下看着，生怕被别人抢跑。”耿涛回忆道。后来，父亲修建了通风地窖，家里成了全村第一个有地窖的种植户，葡萄储藏的时间被延长，为此她欣喜了很久。

从牙牙学语到风华正茂，时光让岁月流逝，耿涛对葡萄的热爱却从未变淡，反而愈加浓厚。看着父母在地里修剪、种植，耿涛自然而然地参与其中。小小的她萌生了一个想法，要是葡萄能一直长下去多好，那样就不会腐烂了。后来，她的父亲耿学刚告诉她，其实只要将葡萄酿成酒就可以一直保存了，葡萄酒就是葡萄的另一种存在形式。

父亲的话一下子点醒了耿涛，她开始对葡萄酒酿造产生了兴趣。高考结束填报志愿时，耿涛坚决地选择了西北农林科技大学葡萄酒学院，学习葡萄种植及葡萄酒酿造技术专业，希望能够一直在研究葡萄的道路上走下去。父亲的一次酿酒意外，让她更加坚定了要酿出好葡萄酒的决心。

“我家酿酒初期，条件简陋。酿酒时因为要保温，所以门窗封闭，但葡萄发酵会释放二氧化碳。发酵中的葡萄酒需要每隔 6 个小时左右搅拌一次，父母为了看管方便就睡在发酵的小屋子里，结果发生了二氧化碳中毒，还好被及时发现，否则后果不堪设想。”耿涛说，20 世纪 90 年代，父亲就开始接触葡萄酒酿造，为了酿出高品质的葡萄酒，他奔走各地学习酿酒技术，还曾举全家的积蓄到法国专门考察学习。在这种耳濡目染下，她对种植葡萄和酿造葡萄酒的兴趣与日俱增。

为此，耿涛珍惜每一次实践机会，每到葡萄成熟的季节，虽然学校只放几天假，但她总会想办法回家，尝试酿酒。一个泡菜坛、一间实验室、一堆酿酒葡萄，就可以让她待上一整天。

生怕酿的酒出问题，耿涛几乎寸步不离“泡菜坛”，偶尔出去也是“魂不守舍”，“后来身为人母，离开孩子我又出现了那种感觉，这才意识到我早已把葡萄酒当成是自己的孩子一样去呵护。”耿涛笑着说。

附耳贴罐壁，听着葡萄在坛子里咕噜咕噜的发酵声，耿涛感觉既神奇又快乐，即便是失败了，她也从不感到气馁，反而越发地想要做好。“这都要感谢父母‘放养式’的教育，他们虽然不会指导我，却十分支持我去探索，让我有机会在一次次尝试中找到成就感。渐渐地，我发现自己越来越想研究葡萄了。”

刻苦专研“小专业”，悟出大门道

大学期间，耿涛就像一块海绵一样，疯狂地“吸收”着关于葡萄种植及酿造的知识。系统性的学习让她知道了原来发酵过程中的声响是释放二氧化碳造成的，明白了果浆里的葡萄糖转化成酒精和二氧化碳的原理，酿酒时微生物有哪些，温度控制在多少才能达到最佳状态……

“学习的过程，我没觉得辛苦，只感到快乐。而且，每次和父亲沟通，都让我感到学习的重要性。”耿涛说，自己和父亲一样，平时不太善于表达，但俩人有个共同点，一谈到葡萄就会变得十分健谈。“自从上大学后，我和父亲的沟通就多了起来，聊得话题都是葡萄，有时甚至能聊到晚上一两点。这不仅能够帮助父亲了解相关知识，还能让我在学习时更有动力和针对性，可谓是一举两得。”

2005 年，耿涛顺利毕业，但她并没有急着回到老家，而是前往天津科技大学食品加工工程中心从事葡萄酒的加工酿造工作，继续积累经验。独自一人到宁夏农科院指导酿酒，乘坐 30 多个小时硬座去新疆考察……每每接到“任务”，耿涛从未有过一句怨言。

“与单位的大学教授、研究生一起工作，不论是工作上的严谨态度和条理性，还是从种植到推广的葡萄酒知识，对我来说都是收获颇丰。”说起工作时的回忆，耿涛感触最深的是满满的获得感。

随着对红酒的不断深入了解，耿涛想要酿造出属于自己的葡萄酒的想法日渐强烈。于是，她放弃了留在大城市发展的机会，回到家乡专心研究葡萄酒酿造技术。

彼时，耿涛的父亲已经初步探索出了家庭酒堡的发展道路，建立的耿氏酒堡更是获得了由中国农学会葡萄分会认证的“中国第一家家庭酒堡”称号。

如何让家庭酒堡稳定产出高品质红酒，怎样才能让酒堡之路走得更远，是耿涛回家之后面临的问题。

要成为好的酿酒师，品酒技术必不可少。课堂里，耿涛熟悉了总糖、各种有机酸、酒精度、丹宁等风味物质的阈值、浓度。自己酿酒后，她时刻让自己保持“口感”，平均每个月要分批品尝 50 至 60 桶不同口感的葡萄酒。

对大多数人而言，葡萄酒是酸酸的，甚至带些苦涩味。但在耿涛口中却是另一个魔幻世界：葡萄酒是否需要醒酒，如何根据葡萄酒的品种选择杯子，酒倒在杯里要保留多少空间，如何看酒体边缘的色泽，鼻子如何像一只敏锐的探头伸进杯里捕获芳香……

“酒进入口腔后会启动更复杂的程序，随着酒液漫开，口腔、舌头划分的几个味觉区要在十几秒内品出不同味道，例如什么时候出现什么味道，气味里是否含有哪种鲜花、果实等，还有哪些平衡感、骨架感，优雅、清新或厚重感，等等。这其实是一种享受、一种幸福，更是一种历练。”耿涛深深地沉浸其中娓娓道来。

为了提高自己的酿造水平，耿涛每天葡萄园和实验室两点一线地跑，有时为了一个指标的合格，她更是反复多次实验，在实验室一待就是十几个小时。

压帽是酿酒过程中的重要环节，需要每隔一段时间将发酵罐里漂在顶上的葡萄皮压回到酒液里，让葡萄皮里的风味物质浸渍到酒里，使酒的口感和颜色达到最佳。为此，持续20天的时间里，耿涛不仅要在白天搅拌1吨储存量的发酵罐，更要在半夜工作。10月底的初冬深夜，没有任何取暖工具的酿酒室显得格外寒冷，但耿涛的衣服总是被汗水浸透。

辛苦吗？当自己酿的酒被父亲认可时，当被人评价酒体协调、可口、悦人时，当她经过考试获得酿酒师协会海外培训资格时，答案是否定的。

通过不断的努力和学习，耿涛成为国家三级品酒师、国家一级酿酒师，但她并没有就此满足。2013年，她借助去澳大利亚学习的机会，进一步开阔眼界、增长技艺。

在澳大利亚，她住在酒庄里，和当地的酿酒师一起酿酒，见到了铺着红毯的葡萄园，参观了年产100吨的小酒庄，走访了拥有400多年历史的家庭酒堡，感受到了先进的葡萄酒文化，学习了各种经营模式、种植技术、管理方法和酿造手艺等，满足了自己的求知欲和好奇心。

一次，耿涛一行人参加了巴罗萨山谷酒庄一日游活动，一天去了4个酒庄，每一个酒庄都给她留下了深刻的印象。

“当地即使是一个小小的‘车库’酒堡也都拥有着百年历史，甚至几百年的历史，而且他们将葡萄酒发展和旅游很好地融合在一起，每年都吸引全球大批游客前去参观、品酒、学习，这份踏实和底蕴深深地震撼到了我。”耿涛说。

回来以后，耿涛对于发展家庭酒堡更有信心，也有了更高的发展目标。“我相信通过我们一家人的努力，也可以做出拥有百年历史的酒堡，将中国的葡萄酒文化发扬光大。”

创新发展，“小女子”做出大成绩

昌黎地处北纬39度，位于河北省东部，东临渤海，形成了暖温带的半湿润气候，日照充足，昼夜温差大，生长期长，加上沙性土壤，非常适宜酿酒葡萄的生长。

虽然背靠着得天独厚的自然条件，但秉承着“好葡萄酒是种出来的”的观点，耿涛并没有满足于现有的种植条件和技术，她总能在实践中找到“突破口”，不断出新。

耿涛与父亲在自家地里开发出10亩的实验田，进行种植研究。在种植过程中，她发现由于当地地理位置、气候条件等因素，为了防止葡萄秧“冻死”，每年冬季就必须将葡萄秧进行掩埋，等到春暖花开之际再将其挖出，既费时又费力。

能不能研发出一个新技术，让葡萄秧既抗寒又省事。

带着这个问题，耿涛翻阅了大量书籍，一有时间就到外地学习考察，掌握了一定的技术后，便开始在自家地里进行实验。她将引进的砧木先行培育，待粗壮之后与葡萄秧进行嫁接，砧木具有防寒、抗病等特点，能帮助葡萄秧度过严冬。利用这种砧木高位嫁接技术，她成功让葡萄秧不再需要被掩埋。这项创新技术也让她获得了农业部颁发的葡萄酒堡及葡萄加工关键技术开发三等奖。

不仅如此，为了种出高品质葡萄，耿涛分析本地土壤环境和生长条件，通过科学的栽培管理，将现有品种进行嫁接改良，培育更适合本地生长的葡萄品种。家里的玫瑰香葡萄被中国农学会葡萄分会评为“优质葡萄”。此外，她还大胆尝试，通过蚯蚓等生物技术改良土壤，研究酿酒葡萄避雨装置。

种出了高品质的葡萄，耿涛对于酿出好葡萄酒的信心更足了。

在耿氏酒堡地下的一间储藏室内，摆放着几十只橡木桶，里面装满了耿涛酿造的干红葡萄酒，淡淡的酒香夹杂着清新的橡木味，沁人心脾。

“虽然橡木桶储存的酒韵味十足，但用橡木桶装酒，‘讲究’可不是一般得多。”耿涛说，每只橡木桶都有自己独特的香气。从挑选什么样的橡木桶纹理，到木桶烘烤的程度，再到每只木桶单宁含量，每一个细小的因素都会影响酒的口感，需要酿酒师精湛的技术调控口味。

在探索橡木桶储酒口味变化时，耿涛像发现新大陆一样备感兴奋。她一头扎进实验室，测数据、试口感、做对比，还把实验做到田间地头，严格把控酒葡萄种植过程，什么时候采摘，用什么品种酿造，含糖量多少，酿出什么风味，糖酸比例是多少……任何一个影响口感的因素，她都力求做到精确可控。

经过一系列的创新尝试，“钻牛角尖儿”的耿涛开发及掌握了赤霞珠、美乐、马瑟兰、小芒森、小白玫瑰白、威代尔白等十几种葡萄品种的酿酒技术。

作为一名女性酿酒师，耿涛对香气的关注度更高。在品酒室，她拿出一款玫瑰香酿造的桃红葡萄酒介绍道："这瓶酒有着甜甜的果香，口感非常干净、顺爽，带着一丝淡淡的甜味，喝着很舒服，来酒堡的客人很少有人不喜欢这款酒。"

"最初，我是用玫瑰香做干酒，后来觉得这款酒的香气这么甜美，应该让它的口感和香气保持协调统一。于是，我尝试酿制这款桃红酒，没想到做成的甜酒这么受欢迎，每年酿制的 2000 瓶，当年就会销售一空。"耿涛说。

说起来容易，可真要做出甜酒来却没那么简单。要保留酒中的甜度，必须在合适的时机终止葡萄发酵，并且还要保证酒精度，这个平衡度十分难把握，酿造过程中还随时会出现氧化等问题，导致酿酒失败。但凭着一股子韧劲儿和不服输的精神，耿涛一次次实验，通过降低温度、澄清酒液等方法掌握了酿造桃红葡萄酒最佳口感的方法，并且一口气研发出了十多个新品种，填补了昌黎地区只有干红葡萄酒的空白，得到了业界的认可。

从种植普通的"大路货"到研究出新品种，从行业跟随者到创新引领者，耿涛从未忘记回馈这片土地。在她的提议下，她的家乡成立了博凯葡萄专业合作社。合作社实行统一引进新品种，统一进行培育、修剪和管理，在灌溉、施肥、病虫防治、防水、防雹等方面给予专业技术支持，待酒葡萄成熟后，统一酿造。

耿涛更是经常奔波在社员家的田间地头，为他们讲解葡萄种植过程中遇到的问题。在她的帮助下，农户的葡萄种植技术日臻成熟，葡萄酒酿造技术更加完善，农民收入得到大幅提高。

不忘初心，"小酒堡"传承大志向

立夏时节，葡萄藤叶翠绿茂盛，藤蔓缠绕的"耿氏酒堡"显得宁静、优雅。在不同年份葡萄酒“填充”的酒堡里悬挂着八个大字：“不做百强只做百年”，这是耿学刚给自己和儿孙们的目标和希望。

耿学刚是当地一个有名的敢于吃螃蟹的人，同样祖祖辈辈种葡萄，他从 20 世纪 80 年代就开始探索鲜食葡萄的贮藏保鲜技术，大胆尝试葡萄的错季销售；建成京津冀地区第一座小型恒温保鲜库，成为全国第一个利用现代科学技术贮藏玫瑰香葡萄的人；在大家增产酿酒葡萄时，他又潜心研究酿酒，建造中国第一家家庭酒堡。

“父亲认准的事儿，谁也拉不回来；父亲想干的事儿，一定能干好；父亲认为正确的选择，一定会全力以赴、坚持到底。母亲的吃苦精神和责任心令人叹服。在他们的潜移默化的影响中，我找到了奋斗的力量，我们能做的就是种出好葡萄，酿出好葡萄酒，把父亲一手建立起来的家庭酒堡传承下去。”说起父母的为人和对自己的影响，耿涛难掩内心的敬重。

如今，耿涛和弟弟接过父亲手里的接力棒，立足葡萄园，置身于酒窖，踏实种植，用心酿酒。

耿氏酒堡的酒不进商场、超市，全靠口碑营销，坐等客户上门，直接面对消费者是家庭酒堡最大的优势，作为酿酒师的耿涛可以直接获取消费者的反馈，了解消费者的喜好，然后调整自己的产品线。

站在“耿氏酒堡”的房顶极目远眺，成片的葡萄架上爬满了茂密的葡萄藤，密密实实的，在阳光下的照耀下显得勃勃生机。耿涛介绍，她家的葡萄园约 100 亩，亩产 1000 多斤，每年可酿酒 40 余吨，年产值 400 万元左右。

除了做酿酒师，耿涛还要负责酒堡的讲解员工作。抓住当地依托葡萄沟景区独特的生态资源发展旅游新业态的机会，耿涛借鉴国外经验，注重自身特色，把酒堡文化与旅游相结合，吸引游客了解当地风土及酒堡发展情况、参观酿酒发酵、品尝不同类型葡萄酒，在游览交流过程中体验葡萄酒文化。

不仅如此，耿涛细心地发现，前来参观酒堡的游客中，不少是司机和儿童，怎么让他们也能感受到葡萄的魅力，她灵机一动研发出一款无酒精葡萄酒，让不同群体都能品尝到葡萄酒的美味。

能够从事自己挚爱的事业，耿涛感觉十分幸福，除了父母的影响，家庭也给了她很大的支持。“为了研发新品或者酿酒，我基本上都要长住在酒堡里，家里的大小事情都交给了我老公处理，但他没有任何怨言，真的很感谢他。”耿涛说。

最让耿涛欣慰的是，在家人的影响下，自己一双儿女和弟弟的一双儿女都渐渐地对酒堡产生了兴趣。12 岁的儿子建议自己烘制一些葡萄干，做好后得到了大家的认可。6 岁的女儿闻到酒发酵的气味时，突然说“妈妈这个酒前段是桃子味，后段有点苦”，让她既吃惊又高兴。

很多时候，耿涛都会有意无意地带孩子们到酒窖参观，她耐心地告诉他们，这里是酒宝宝睡觉的地方，宝宝们睡得好睡得香，大家才能喝到甜美的葡萄酒。

“我这一辈子从葡萄酒酿造的事业上收获了满满的幸福，如果有可能，我希望下一辈能把这份事业和这份来之不易的幸福传承下去。”耿涛说。

肩上有责勇担当　心中有爱聚人心

文 / 侯宇萍

巾帼不让须眉　带领下岗职工齐创业

时间倒转回 20 世纪 90 年代国企改革重组的年代，中国迎来了一次全国范围的下岗潮，计划经济时代下的国企职工面临着失业的危机。在挑战与机遇面前，有人抓住机遇实现华丽转身，也有人被时代的洪流所裹挟，逐渐淹没在改革开放的浪潮之中。屠愉正好经历了那个变革的年代。

1996 年，秦皇岛汽配厂面临着严峻的形势，3 年来未开过一分钱的工资，职工怨声载道、苦不堪言，有的职工甚至抬着担架去市政府闹。面对如此状况，市政府给出优惠政策，进行招标，打破“铁饭碗”、不吃“大锅饭”，实行国企改革。秦皇岛的各路精英及有实力的企业家 26 人参与竞标，展开激烈竞争，其中也包括屠愉的丈夫冯宝福。冯宝福曾是秦皇岛汽配厂副厂长，多年前就停薪留职下海经商了，有实践经验和经营头脑的他最终一举夺魁。冯宝福接管这个“烂摊子”后开始企业改制，决心重整旗鼓。但现实并不像他想象得那么简单，他每天忙得身心疲惫、心力交瘁。看着丈夫忙碌的身影，屠愉心疼了，46岁的她决定停薪留职，与丈夫一起创业，为他分忧。

细心的屠愉把300名下岗职工分为退休、退养的，留下从业的，自谋职业的三类，根据大家的意愿，一个一个地做好安置工作，她诚恳地表示：“必须善待每一个人。”下岗职工的平均年龄为43.2岁，人到中年失业，处境尴尬，为了给大家找饭碗，屠愉把车间改造成粮库，开超市、开酒店，她都积极尝试。令人欣喜的是，大家的温饱问题开始有了保障，能够月月开工资了。

从企业制造改为商业经营，转型之中会遇到很多困难和压力，首先是职工思想观念和理念上的转变。从社会招聘来的员工了解当下经营状态，而端惯铁饭碗不愁吃喝、突然下岗的职工观念守旧，并不认可也不适应，屠愉每天面对着大家激愤的情绪、不同的诉求，出现什么问题就解决什么问题。她每周召开一次大会，通过做思想教育工作、开会辅导、宣传，逐渐给大家灌输新的观念。她还带着大家学习企业管理方面的知识，她回忆说：“当时，大礼堂里下岗职工加上超市、酒店的员工，最多时候有七八百人在台下坐着。”

随着工作的展开，屠愉发现粮库的前景不容乐观，她决定把3000平方米的大隔断改成每二三十平方米一个商铺租给商家，从此，四季青市场初具雏形。

当时秦皇岛一共17个单位尝试连体经营，带领下岗职工再就业。实践证明，只有四季青与汽配厂连营成功了，因此得到了市政府的大力支持。“那个时候，秦皇岛沿街叫卖、摆摊设点的现象很严重，市政府决定改变市容市貌，把整个市场整顿一下，都规整到一个地点，最后就将地点确定到我们这里了。”屠愉说，那时他们准备投资盖楼，建规范的市场，但当时运作起来很艰难，她要经常与工商、税务等各大委办局沟通，审批手续烦琐，仅层层盖章就盖了88个，都是她不辞辛劳一个一个“跑”下来的，最终迎来了破土动工。屠愉开心地说：“此生最让她高兴的事就是经过两年的施工、装修，新楼盖好了！商户们拿老合同来换新合同，各个喜气洋洋。”此后，公司运营逐渐进入正轨，开始良性循环。

如今四季青小商品国际批发城是秦皇岛最具影响力的商品一级批发与流通市场之一，商户从原来的四五十户发展到上百户，逐年增加，一直到现在的近2000户。这其中经历过两次棚户区改造、一次彩钢瓦改造、一次城镇面貌三年大变样改造，最终蜕变成新四季青小商品国际批发城，为屠愉的事业添上浓墨重彩的一笔。创业的成功并没有让她冲昏头脑，屠愉清醒地认识到，只有不断的追求和不懈的努力才能使企业永远立于不败之地。一路披荆斩棘过来的屠愉信心十足地表示，她的目标是要打造秦皇岛的商业航母，让丑小鸭变成金凤凰。

在刀尖上跳舞　临危不乱勇担当

企业在发展过程中并非一帆风顺。刚刚改制时，屠愉经常遇到故意捣乱的、到酒店不给钱的，或是吃霸王餐的各种各样的情况，她形容自己像一个应战者，随时会遇到各种问题和挑战。这时她就摆事实讲道理，采取兵来将挡、水来土掩的策略。那些坚韧和勇敢没有写在脸上，而是藏在她的心里，屠愉坦言，这些年来，她以柔克刚、刚柔并济，就像在刀尖上跳舞。

就在四季青市场蒸蒸日上之时，屠愉接受了一次大的考验。有些人想窃取屠愉的劳动成果，取而代之。有几个商户成立了业主委员会，在没有开发商的情况下他们想自己管理市场。他们想方设法不缴物业费，以此来威胁屠愉。不得已，经营了十多年的四季青市场关门了。从开业起，四季青市场的物业费就没有涨过，但这几个别有用心的人提出的新物业收费标准即便是低于原来的物业费，也没有得到大多数商户的认可。商户中很多人是跟随屠愉一起艰难创业过来的，对屠愉非常信任，更对商场有着深厚的感情。有商户打来电话哭着说“我们就相信您，您就接着干吧”，还有很多商户聚集到屠愉的办公室，甚至恳求屠愉，要继续跟她一起干，大家自发地排着长队主动缴物业费。四季青市场的经营牵动着秦皇岛三区四县的商品市场经济，在大家的强烈要求下，4 天后，四季青市场开门迎客，终于正常营业，恢复了往日的生机与活力。

屠愉说，这只是很多考验中的一次，四季青市场还经历过两次大火的考验。第一次是 2008 年 8 月，大火呼地一下就着了起来，浓烟滚滚、火势凶猛，三四间库房瞬间变成一片火海。当屠愉得知火灾发生后，她立即找了一条拔河用的粗绳子，第一时间从办公室冲下楼，在现场，她看到受灾的商户大哭不止，不顾一切地要冲进火海抢货。屠愉大声喊道，要保护现场，不允许抢物品。她调动在场员工用绳子拦着，保安手拉手在第一线，决不允许任何人进入火场，破坏现场。“在没破案之前、没找着火源之前，必须把现场维护住了！此时四辆消防车一路呼啸地赶到现场，当时市长、市公安局局长、消防队长都在现场，当他们得知那个有条不紊、淡定指挥的女士是四季青的董事长时，佩服地说：“公安局还没动起来，她已把所有保安和员工都调动起来了，好样儿的！”

由于现场保护得好，很快就查出了火点位置。火灾损失

了近3000万元，为了让商户放心，这些费用都由四季青市场承担了。有的商户是常年租户，屠愉免收房租；没有生活来源的，她给现金，还帮着找房子、找库房。

没想到3年之后，四季青市场第二次着火。一辆摩托车电瓶起火引起饰品店的三间商铺着火，虽然过火面积不大，刚刚燃起就被大家自救，把火熄灭在萌芽状态，但商户还是损失了38万元，屠愉依然主动承担了这笔费用，她说不能让商户吃亏。

屠愉在现场临危不乱，取决于她在公安局工作时锻炼出来的素养。她自豪地告诉笔者："最初，我在粮食局工作，13个粮站的主任一起考试，我考了第一名，被选拔到了公安局工作。"采访中，笔者了解到，屠愉年轻时在山海关公安局工作，她胆大心细，一个人能干3个人的工作，每次业务考试都拿第一，深得领导和同事的信任。她经历过歹徒用枪顶着她头部的惊险时刻；也经历过跟着持枪警员到现场抓捕罪犯的惊心动魄；她还骑着摩托车追捕正在逃跑的犯罪分子，并把罪犯分子逼倒在摩托车下……对于她的工作，大家都会竖起大拇指点头称赞。但为了助丈夫一臂之力，屠愉才舍弃了这份工作，主动迎接挑战，选择创业，实现自我的人生价值。

积极传递爱心　彰显社会责任感

屠愉不仅有一颗遇事不惊的平常心，而且还有一颗满怀大爱的善心。2008年，汶川大地震牵动着全国人民的心，为了献爱心，屠愉积极筹划汶川地震义演，并为义演搭建1.5米高的大舞台。义演当天，她毫不犹豫地拿出1万元放进了捐款箱，在她的带动下，四季青集团员工共捐助了16万元，就连周围的企业、学校都来捐款，筹集的善款全部捐助公益事业。而当时请演员、乐队、搭台子、员工午餐、舞美设计等费用，花费的近2万元都由屠愉自掏腰包，她的善举感动了很多人，获得秦皇岛红十字会颁发的“突出贡献奖”。

2020年，突如其来的新冠病毒肆虐，这次屠愉又一次带领大家积极捐款，“仅捐助的防疫物资就装了半汽车”，她说，为灾区捐款捐物义不容辞。疫情对四季青小商品国际批发城的影响非常大，商场停业、商户停工，新楼、老楼一下子损失好几百万元。“有很多商户不干了，撤离了商场，我们的员工在家待两个月，但是工资全程发给他们，不能让大家有损失。疫情期间，我给商户减免了50天的物业费，还给商户减了两月的房租，延长了50天的租期。”员工们很感动：“这么多年，企业从来没有欠我们一分钱工资。而且我们每月10号开工资，若赶到周六、周日的时候，还会提前开支……”

在疫情期间，四季青小商品国际批发城关门歇业，处于瘫痪状态，屠愉手机24小时不关机，随时随地接听、解答商户们各种各样的问题，她说：“正是商户们的信任和这份社会责任，让我不敢有半分懈怠。”疫情好转后，秦皇岛亚泰、华运、彩龙等五家商场中，四季青小商品国际批发城成为复工复产的试点。四季青小商品国际批发城开张前，屠愉郑重地签下了承诺书，商场若出现意外，由她负责。在防疫物资紧缺的情况下，她托人找关系为商场买了10个测温仪。她每天在商场走一万多步，楼上楼下督察，虽然疫情让她投入了30多万元，但是得到了商户们的信任。当有人问她是否有困难时，她很自信地说：“没有困难，没有解决不了的困难”。

自信时尚快乐　大家小家同心同行

对四季青的员工来说，屠愉就像一个大家长。她提倡人性化的管理，工作时非常严厉，绝不允许工作人员吃拿卡要，但私下里她会很关心照顾大家，谁家中有困难，她知道后立即给予无私的帮助，与商户打成一片，就如朋友一般。商户们都很感恩她，只要她从商场里走过，大家远远地看见她，都很高兴地与她打招呼，说上几句。商场中有很多商户来自湖北、山东、河南等地，大家跟随屠愉一起创业成长，从沿街叫卖的小商贩，到如今的大老板、总代理，生活发生了翻天覆地的变化，他们在秦皇岛买车买房子，在这座美丽的滨海城市安家落户，幸福指数不断提升。

提及曾经的下岗职工，屠愉坚持的原则是不抛弃不放弃，她说："接管 6 年以后，赶上国家政策改制，不少职工买断回家，但还剩一部分不愿意离开的，我仍然在让他们继续跟着我干，直到现在。"屠愉不仅把大家庭管理得井然有序，自己的小家庭也经营得井井有条。她有一儿一女，儿子是公派留学回国工作，女儿当兵复员，儿子有两个孩子，女儿有一个孩子，家里有九口人住在一起，其乐融融。她告诉笔者，不能只当女强人，时常也会给保姆放假，自己亲自下厨给全家人做一桌丰盛的晚宴。友人相聚，屠愉常有一言既出四座皆惊之举，有时冷不防冒出的幽默会令人捧腹："作为家庭主妇，我也要料理家务、相夫教子，否则将来在婚姻生活中就不是战士，而成烈士了！"

屠愉的家是一个令人羡慕的家庭。全家人都多才多艺，经常举办家庭音乐会，丈夫或拉手风琴或引吭高歌，屠愉当指挥，指挥手势标准、拍子打得有板有眼，毕业于解放军艺术学院的女儿唱歌更专业。屠愉的办公桌上放着她与丈夫的合影，看上去和谐自然、幸福甜蜜，她说："我们夫妻之间比较信任，相互尊重，遇到困难，相互沟通，共同解决。我只要提出建议，他都会积极采纳……"

屠愉的生活多姿多彩，虽已年逾古稀，但她喜欢接受新事物，她有个网名叫"时尚女人"，可她从不穿名牌，打扮得非常得体、时尚，外表比同龄人年轻许多。她的爱好很多，喜欢打乒乓球、打羽毛球、游泳、跳舞，她买了一个迷你录音机，没事儿就在家里练习舞蹈，丈夫是他最好的观众。

屠愉是秦皇岛市女企业家协会的创始人之一，曾经获得过很多荣誉，但她却说："荣誉只能代表过去，回想起一路走来，从我参加工作到现在，我的工作没有发生过失误。到哪个单位，领导都非常信任我。公司和家里有疑难杂症都由我出面解决，像医生一样。在我面前没有解决不了的困难。只要你去做、去认真对待，没有做不到的，没有完成不了的。要相信自己的能力，不能恐惧害怕，不管任何事情，大胆勇敢面对，这就是我的脾气秉性。"作为新时代下的女性创业楷模，屠愉的自信来自实力，正是由于这种自信，经营了20多年的四季青小商品批发城依然生机勃勃，愿屠愉和她的"四季青"四季常青！

用尽全力成就最美的自己

文／李金钟

屈指算来，谢辉加入河北英皇集团、河北阿布卡集团、秦皇岛洋洋集团的时间并不算长，只有短短4年时间，但她却从一名普通的行政办公人员，成长为集团董事局执行董事，不得不令人刮目相看。

有人说，她情商高、聪明好学、运气好。对此，谢辉并不否认，但她认为，与这些比起来，待人真诚有爱、工作踏实勤奋和事业拼搏向上，才是属于她的真正“底色”，让她得以胜任不同职场角色，并在一次次“蝶变”中，不断打磨锤炼，成就最美的自己。

在日常管理工作中，她事无巨细认真负责，是领导的得力助手；在集团重大活动中，她勇挑重任独当一面，是当之无愧的“猛将”。在她担任秦皇岛女企业家协会秘书长一职的两年时间里，会员数量大幅增加，凝聚力显著提升，各类活动丰富多彩。

她用真诚聚拢起协会

入职洋洋集团前，谢辉已经是一名鏖战商场十几年的“老兵”，工作能力相当出色。

最初，她在外地某大型商业综合体任职卖区长。卖区长本是个管理岗位，但她眼里全是活儿，即使不是自己分内的，只要能搭上手帮上忙，就不会袖手旁观。在卖场，经常看到她忙碌的身影，不是帮商户们吆喝卖货，就是帮忙理货、陈列，与他们打成一片，互相支持，配合默契，深得信任和喜爱。

由于工作能力出类拔萃，谢辉升任业种经理，负责整整一层7000平方米的大商场。招商是谢辉的一项重要工作，不论谈什么，不论有多远，每次拜访、沟通、回访她都诚心诚意，因此，斩获颇多。她成功招商的影院项目，打破了对方不在北方发展的惯例，填补了当地的空白。多年与人打交道的经验告诉她，无论想做成什么，一定是拿出足够的真诚。这也成为她入职洋洋集团后，打开各项工作局面的一把“钥匙”。

2019年年初，谢辉接任了秦皇岛市女企业家协会秘书长一职。尽管之前积攒了些工作经验，但对她来说，这仍然是个不小的挑战。面对来自各行各业的众多优秀女企业家，如何开展工作？“真诚”依然是她的不二法宝。

“说句掏心窝的话，女企协秘书长这个职位，就是为企业家们做服务的，需要不停地沟通、组织、协调，不说千头万绪，也是一件事儿接着一件事儿，没那么好干。”实际情况确如谢辉所料，她刚接手工作时，很多企业家对她这个年轻的“小女子”不太“感冒”，本来很有意义的活动，会员们参与的积极性并不高。

“工作想要开展下去，需要女企业家们的认可和配合。作为秘书长，我就得在服务上下功夫，让她们看到我的真诚和努力。很多事情我不是去安排，而是亲力亲为地去做。一次做不通工作，就两次、三次。”就像当年在商场一样，谢辉拿出了前所未有的真诚。

“一来二去，互相接触多了，感情越处越融洽，彼此成了好姐妹，各行各业的女企业家有什么活动都愿意参与。”人心换人心，慢慢地，会员们对协会的工作越来越支持了。在刘洋会长的指导和谢辉的努力下，秦皇岛女企业家协会越来越有活力，丰富多彩的活动一场接一场。无论是座谈交流、学习参观，还是社会公益活动，会员们都积极配合踊跃参加，整个协会就像大家庭一样，姐妹们互助友爱，气氛融洽。

目前，女企业家协会会员企业数量日益增多，各项工作也在全省各地级市中走在前列。

做事就要把心踏下来

很多人不知道，谢辉最初的梦想是当一名律师。更鲜为人知的是，毕业于黑龙江大学法律专业的她，入学时的专业并不是法律，而是会计。当谢辉认定律师比会计更有前途后，便瞒着父母，自己想办法把专业给改了。

改专业学法律，谢辉似乎并不是安于现状的人。然而，当梦想照进现实，她一脚踏进入商业领域后，又表现出踏实的一面。

5 年卖区长，10 年业种经理。如今，谢辉又在洋洋“征战”了 4 年。耐得住寂寞，守得住繁华，前后近 20 年，变的是工作岗位，不变的是踏踏实实的工作态度。对此，谢辉说了一句肺腑之言：“踏实工作是一个人的立足之本。无论你做什么，只要你肯把心踏下来，坚定目标，做好自己的事，才能走好每一步，将来的结果一定不会太差。”

在洋洋集团最开始的一段时间，她的重心一下子从家庭、孩子转移到了工作上，那个务实工作的谢辉又回来了。当工作和亲情“冲突”时，让路的是亲情，当工作需要她“冲锋”时，她义无反顾。

有一次，谢辉要出差去青岛参加会议。在出发前，她得知家中亲人肺癌晚期生命垂危，本应该陪伴亲人的她还是带着不安前往了青岛。在返程的路上，亲人去世的消息传来，她没能见到亲人最后一面，内疚之情难以控制，两行热泪夺眶而出。刘洋会长得知情况后，想尽办法订了机票，让她以最快的速度回到家中。

2019 年年底，临近春节，一场突如其来的新冠肺炎疫情让整个国家笼罩在浓重的阴霾之下。随着疫情形式的愈发严峻，全国各地医疗物资出现严重短缺，秦皇岛也未能幸免。

在秦皇岛女企业家协会会长刘洋的倡导下，2020 年 1 月 26 日，协会成立了疫情防控联络办公室，发出“致全体会员的一封信”，号召全体会员从自我做起，整合协会资源，发挥带头作用，助力打赢抗疫阻击战。

在和会员们充分沟通和做好防护后，2020 年 2 月 4 日，谢辉带领部分女企业家代表，携带各种渠道筹集来的防疫物资，奔赴山海关人民医院、卢龙县妇幼保健院、青龙人民医院、秦皇岛电视台、秦皇岛社会福利院、秦皇岛火车站、秦皇岛救助站等防疫一线。

那段时间正值新冠肺炎疫情肆虐之时，人们唯恐避之不及，街上行人少得可怜。“现在情况这么严峻，你们还来慰问、捐赠物资，太让我们感动了。”一位坚守在防疫一线的医生甚至感动得流下了眼泪。

“你们才是最辛苦的人，我们一定为战斗在一线的人员做好服务保障工作。”谢辉说话亲切诚恳，用女性特有的温婉温暖着“抗疫勇士”的心。她还把抗疫物资打理得井井有条，一一送达10多个抗疫一线。

在那个寒冷的冬日里，谢辉和女企业家们的身影如一缕暖阳，让人心生暖意。

拼搏成就精彩事业

2018年，刚进入9月份，炎热还未真正消散，一场由秦皇岛市女企业家协会承办的“京津冀女企业家走进秦皇岛”活动进入紧张的倒计时。

这是一场重要的活动，旨在进一步深入贯彻落实党的十九大精神和省、市委“双创双服”活动部署，积极搭建京津冀女企业家交流平台，充分展示秦皇岛市资源优势和创业创新发展环境。中国女企协、北京女企协、天津女企协、河北省妇联有关领导和北京、天津、河北三地女企业家代表近300人参加了会议。

谢辉深知这场活动的重要性，容不得半点马虎和懈怠，她打起十二分精神，当了一回“拼命三郎”。

作为活动的承办方，秦皇岛市女企业家协会一下要接待好几百人。从安排会议、食宿、用车，到规划路线、日程、流程，可谓千头万绪，需要进行大量的沟通、协调工作。为此，谢辉经常忙到半夜两三点，紧绷的神经得不到片刻休息。“你那边安排好了吗？”“随时联系，不能出问题。”“有啥问题打电话。”电话一个接一个，手机打到发烫，话说到口干舌燥，嗓子都哑了，谢辉也都顾不上喝口水。第二天，还要早起，大量的工作等着她安排。

“那段时间可能是我有史以来最累的，整个人跟打了鸡血一样，真是拼了。”说起那场活动，谢辉用了一个生动的“拼”字。2019年，秦皇岛市第二届旅发大会期间，谢辉依然拼劲儿十足。

当时，谢辉负责各级领导观摩阿布卡小镇的接待工作，那几天，她忙得不可开交，微信记录的步数每天都有3万多步。当她拖着疲惫的身体回到家，这才发现脚起水泡了。挑破水泡敷点药，第二天，谢辉又精神饱满地出现在阿布卡小镇。等旅发大会圆满结束后，身心松弛下来，她才发现全身哪儿都疼。关键时刻谢辉顶得上豁得出，高强度的工作掩盖了她疲倦的身体。“拼命工作的时候，很苦很累，但与成功的喜悦感比，就不算什么了。”

事实上，谢辉原本可以不用这么拼，完全可以选择一种安逸轻松的生活方式。在结束了15年的大型商业综合体工作之后，家里人都劝她，“不如在家好好带孩子吧，何必那么辛苦呢？再说，以家里的条件，即使不上班，生活也错不了。”在家相夫教子，过着悠闲的生活，也许是很多女人向往的归宿，但那种闲散的生活并不是她想要的，充满奋斗和拼搏的生活才是精彩的。

4年前，机缘巧合下，谢辉遇到了洋洋集团，内心中从未熄灭的奋力拼搏之火又一次被点燃，追求自强独立的她义无反顾地抓住了洋洋集团抛来的橄榄枝，并又一次全情投入其中。

女人爱美，谢辉也不例外。但她的美，并不在于她精致的妆容、得体的穿搭，而在于举手投足间流露的知性优雅和自信干练。而这种不经意间的美，来自工作生活的历练，折射出她对事业的执着和对世事的解读。

滑板里的人生

文 / 林涛

秦皇岛市海港区黄山路，有这样一处院落，绿树环绕、四周静谧，静中有闹的是外墙上张扬的涂鸦和那些时尚又充满活力的来访者，成为城市里独特有趣的风景线。这个院落便是秦皇岛市春野滑板俱乐部所在地。

春野滑板俱乐部拥有河北省首家室内滑板公园，滑板公园占地面积 3000 平方米。作为大赛级培训基地，春野滑板公园可以提供专业、科学、安全的场地，周到的服务。俱乐部从幼小兴趣培养、青少年技巧提升到专业赛程规划、资质认证评级等，具备完善系统的教育训练规划。这家在全国范围内都小有名气的俱乐部创始人，竟是一名女性滑板爱好者，她叫张景芳。

身为“70 后”，张景芳既沉稳干练，又拥有女性特有的亲和力。作为春野滑板俱乐部的负责人，她每天忙得不亦乐乎，品牌规划、服务流程设计、课程设计以及日常运营等，都需要她带领团队逐一完成。用她的话说，这样的生活节奏与她前半生的生活状态大相径庭。

成长——多才多艺的姑娘优雅地长大

张景芳出生在部队大院，从小就接受父亲的军事化管理，每天和哥哥、姐姐一起，5点半按时起床、跑早操、开家庭会议，犯错误的时候还要站到墙根反思。在爸爸严厉的教育下，张景芳从小就树立了崇德向善、乐观坚强的优秀品格。

父亲转业后，她随家人来到秦皇岛，像每一个生活在城市的普通女孩一样，她在这座美丽的滨海小城无忧无虑地慢慢长大。

1992年8月，张景芳毕业后成了中国耀华玻璃集团有限公司的一名财务人员。枯燥的财务工作无法掩盖她的才华，从小就热爱唱歌、跳舞的她成了单位的文艺骨干，演出、主持、朗诵、舞蹈……单位的大型活动都会出现这个年轻姑娘的身影。不久后，她便成了耀华电视台的一名兼职新闻主播。那时候的张景芳，年轻、漂亮，优雅地享受生活，宛如都市丽人，每一天都过得多姿多彩。

“朗诵爱好者”“瑜伽达人”“美食博主”“徒步沙漠”……她的身上留下了一个又一个标签。处女座追求完美的性格让她把每件事情都完成得相当出色，能力也得到了最大限度的展现。

命运——从未远去的滑板缘

似乎永远都不会与滑板扯上什么关系的张景芳，却被一件件“看似命中注定的”的巧合慢慢地指引，将她领入了滑板运动的世界。

这段奇妙缘分要追溯到1990年。那一年，一位叫高原的中国留学生回国，在他的家乡秦皇岛设立了美国滑板品牌 Powell Peralta（中文译名：魄翱）子公司。就连很多秦皇岛人都不知道，在中国滑板的早期岁月里，秦皇岛是中国滑板文化的起源地，是滑手聚集的大本营。

1994 年，秦皇岛举办了全国第一届滑板公开赛“POWELL CHINA OPEN”，吸引了来自全国各地的滑板爱好者，他们坐着绿皮火车从四面八方齐聚于此，感受最“正宗”的滑板文化。

从那时起，中国滑板的历史上刻下了秦皇岛的名字，而张景芳的丈夫于宪春也是在那时爱上了滑板，成为中国第一代“滑板人”。

对于滑板，起初张景芳也并没有太多关注，虽然丈夫是“滑一代”，但因为事业的原因，他在工作后也逐渐离开了这项运动。夫妻俩真正再次将目光聚焦到滑板却是因为儿子于政廷。

像每个家长一样，在孩子的成长过程中张景芳给了儿子无限的关爱，珍惜成长的每一瞬间。从儿子 6 个月开始便给他报了许多特长班。每次孩子参加课外班，她也都会陪在身边，甚至和他一起学习，用自己的行动来激励孩子。但让她想不到的是，正是因为这种陪伴，导致孩子变得越来越不自信。

一次钢琴课后，儿子回家练习不理想，旁听的她亲自上阵给孩子演示，并对儿子说：“你看，妈妈都学会了。”

但张景芳发现，这样的鼓励却给儿子带来了相反的作用。越来越多的这种情况让儿子产生了“妈妈都可以，我却不行”的自卑心理。渐渐地，儿子对很多课外班都产生了抵触心理，他觉得很多事他都做不成，失去了自信。儿子的这种心理变化也让她对于如何教育孩子产生了迷茫。

2016 年的夏天，晚饭后一家三口到人民广场散步。广场上人来人往，很多人在广场运动着，踢毽子、打排球、放风筝……在广场的一个角落里，几个年轻人穿着颇为炫酷，正在玩滑板。花哨的动作和帅气的样子吸引了于政廷的目光。作为“滑一代”的于宪春恰好与那些玩滑板的年轻人相识，于是他尝试着问儿子：“要不要试试？”

让张景芳完全没有意料到的是，已经对很多新鲜事物都产生抵触心理的儿子竟然点点头，表示愿意尝试。就这样，在父亲的帮助下，于政廷人生第一次踏上了滑板。

张景芳意识到，“给孩子更多，不如给孩子喜欢的”。从那一刻起，于政廷每天写完作业就和爸爸到人民广场练习滑板，就这样风雨无阻地练习了半年。京津冀的滑板比赛，爸爸带着他到天津参赛，小试牛刀就获得了银牌，一下子又是奖品又是采访的，让于政廷措手不及。这次比赛后，于政廷更加坚定了对滑板的热爱，张景芳也似乎找到了教育孩子的方向。

而接下来发生的一系列事情，也让她将目光越来越多地关注到滑板运动中。

那一年，当发现儿子对滑板的热爱后，于宪春再次拿起了尘封的滑板，父子俩一同以极大的热情投入到滑板运动的怀抱。

那一年，国际奥委会执委会宣布，滑板将纳入 2020 东京奥运会正式比赛项目，滑板运动得到了国家的高度重视，迎来了最好的发展契机；

那一年，中国耀华玻璃集团面临改制……

每一件事都像一双无形的手，一步步推动着张景芳走进滑板运动的世界。

最终，张景芳毅然决定离开已经陪伴了她 20 多年的工作单位，开始迎接人生中一段新的挑战。

创业——主动迈向挑战

自从儿子爱上滑板之后，她推掉了其他的课外班，让孩子专注在学习和滑板上。同时，自己伴随着儿子的节奏，给予他最大支持。日常训练、外出比赛各种交流、向圈内高手学习……为了让儿子能够到专业的滑板场地训练，她需要经常开车带儿子前往北京训练，每次都是早出晚归，一练就是一天。

于政廷没有辜负妈妈的培养，年仅 10 岁的他就已经代表北京的滑板俱乐部参加各种比赛，成为滑板圈颇有名气的小明星。最让她感动的是，儿子通过滑板运动成长为一个自信又阳光的男孩。

随着儿子参加比赛的规格越来越高，张景芳接触的视野也更加广阔。她发现，滑板这项运动在中国有着前所未有的机遇。滑板作为极限潮流文化的鼻祖，拥有 70 年的文化沉淀和精神。滑板当前在国内还属于小众运动，只有一群业余爱好者在玩，整个行业也没有固定的规范和准则。滑板纳入奥运会正式比赛项目后，国家的大力推广势必让滑板运动从小众运动转变为大众运动。同时，对于秦皇岛这座市，作为中国滑板起源地，有着图腾般的象征意义。最重要的是，作为一位母亲，她能从滑板中切身感受到这项运动带给孩子的积极变化，对于青少年的成长有着非同寻常的意义。滑板运动的特殊性在于失败大于成功，在不断的失败中磨练意志，增强孩子的逆商教育，更好地诠释“如何按规则去赢，更重要的是如何体面并有尊严地输”。

张景芳的性格就是不愿意做平凡的事情，有挑战的事情才能让她全力以赴。滑板够潮流，也充满了未知的挑战，这让她心中燃起了斗志。

“那就让秦皇岛再次引领滑板运动的风潮吧！”

她的想法与丈夫不谋而合，两人很快决定成立秦皇岛第一家滑板俱乐部。

经过精心筹备，2018 年 11 月，春野滑板店正式成立。春野滑板店成立的消息很快传遍了秦皇岛滑板圈，许多业余爱好者通过春野滑板店聚集到了一起。

2019 年 4 月，经民政局注册、体育局批准，正式成立秦皇岛市春野滑板俱乐部。在初期，俱乐部打造了一块约 300 多平方米的室内“miniramp”和“街式”场地。虽然场地不算大，但在那个时候却是个“新鲜玩意儿”。众多滑板爱好者终于可以不用在室外“随便滑滑”，大家也可以在专业的滑板场地训练和玩耍了。

滑板爱好者的热情让张景芳信心十足。不过，此时她的眼光已不仅仅局限于满足滑板爱好者的需求。从自己的孩子接触滑板开始，他一改往日的消极、内敛，变得积极、热情、自信。这样一项运动对青少年的人格塑造以及大脑发育有着极大的帮助，她要让更多的孩子加入到滑板运动中来，感受运动带来的身体产生的变化，让大脑突触链接得更好，更加聪明。让更多的人能够接触到滑板，她愈发意识到自己所选择的这份事业，其意义远比最初的想象要大得多。张景芳全身心地投入，学习儿童心理学、运动学等，像一只渴望进入海洋的鱼努力地提高自己的认知。

于是，在同一年，张景芳决定加大投资，将俱乐部规模再次扩大，让更多的孩子接受正规的滑板训练。截至 2021 年 12 月，室内外共计 3000 平方米的滑板场地全面竣工。扩大后的场地包括 1.5 米和 1.8 米碗池、街式、半碗、miniramp，整体规模和专业程度在全国都属于领先水平。从此之后，秦皇岛市春野滑板俱乐部成为中国先锋滑板运动教学知名品牌，致力于推广滑板文化及国内滑板产业的发展，激发青少年滑板兴趣，通过教学创新，结合科技手段，做到行业领先。

团队——在磨砺中蜕变

俱乐部的规模提升了，但人才又成了限制发展的薄弱环节。一段时间内，人才稀缺成了俱乐部面临的主要难题。

滑板本身就属于小众运动，玩的人不多，专业从事滑板教练工作的人就更少了。随着俱乐部的不断成长和推广，愿意学滑板的孩子与日俱增，教练员出现了明显的短缺。

为了解决这一问题，张景芳一方面高薪在全国聘请一流教练员，另一方面，从俱乐部内部挖掘潜力，培养新人。

俱乐部的学员中，有三分之一都是 6 岁以下的儿童，教导这些孩子的方式显然与成人有所不同，既需要专业知识也需要耐心和爱心，教导孩子的角色非女性莫属。而张景芳本身无论亲和力还是个人魅力都完美地契合了这一点。

“难道自己也要亲自上场？”

在滑板圈内，很多人都知道滑板要从小开始学，成年人学习滑板的潜力已经不高了，尤其是像张景芳这样的女性，学好滑板的门槛似乎更高。

如果想学，不仅要学会，还要学好，因为她要把学到的东西继续传授给孩子们，这对她的要求无疑更高。

“学！”

没有任何犹豫，既然投入这项事业就要义无反顾。她像一个初学者一样，跨入了滑板的世界。

“不要给人设限。”这是张景芳常挂在嘴边的一句话。

从小到大，她想做的每一件事都能做好。当初的那些特长，无论是瑜伽还是美食，抑或是朗诵，仅仅作为业余爱好就已经达到了专业水准。徒步沙漠时双脚打泡，十个脚趾甲脱落，但她仍坚定地走完全程。张景芳同样有信心将滑板征服。

“一万次跌倒，一万零一次的爬起。”

滑板圈的这句话不仅仅是心灵鸡汤，更是滑板人的行动准则。

曾经优雅的张景芳彻底抛弃了往日的端庄形象，一头扎进了碗池，像一个精力旺盛的小伙子，每天在训练场摔摔打打。日复一日的训练着，身材也渐渐充满了运动感。

终于，功夫不负有心人。她从一个滑板初学者，一跃化身成为滑板教练。经过专业考核后，她获得了国家中级滑板教练员证书和国家二级滑板裁判员证书。

回顾那段岁月，张景芳说：“我不仅仅想做一名滑板的经营者，更想成为这项运动的一分子。我要把自己学习过程中的切身体会分享给孩子，更好地帮助孩子们成长。”

除了自己以外，她更重视团队的成长。积极从团队内部培养后备力量，把每个人的能力最大限度地体现出来，提升俱乐部的整体水平。

俱乐部很多都是年轻人，整体氛围特别欢乐。但年轻人也有自己各种各样的特点，她就像姐姐一样，对每个人都给予关心和帮助，针对不同情况给出自己的见解。如今，俱乐部所有工作人员和教练员为一个共同的目标努力着，彼此扶持着共同成长。

滑板——不仅是运动更是爱

随着俱乐部规模不断扩大，张景芳的观念也发生了潜移默化的改变。最初，她把滑板当作一项事业来做，但她渐渐发现，小小的滑板中却隐藏着很多意义和能量。经营滑板只是一种手段，而通过滑板运动却可以帮助和塑造一个人，只有心怀大爱才能真正做好滑板这件事。

张景芳这种意识的觉醒，来自俱乐部里一个个小学员身上的真实故事。滑板培训班里的孩子各式各样，有的是因为喜欢滑板来主动学习，有的则是孩子家长想通过学滑板对孩子进行磨炼，“小仙女”便是因为第二种情况来到了春野。

“小仙女”是一名 6 岁的小女孩，她长相漂亮可爱，平时喜欢穿粉色衣服，说话做事都娇滴滴，遇到问题习惯让别人帮助解决，胆子也不大。为此，父母特意给她报了一个五天体验班，把她送到春野滑板打磨，看看能否有些改变。

“小仙女”第一次踏上滑板，全身都在发抖，嘴里不停地说害怕，眼神委屈巴巴地飘向家长寻求帮助。面对这种情况，经验丰富的她示意家长离开“小仙女”的视野范围，让她独立面对挑战。滑板启蒙阶段对教练扑捉每个孩子的能力很重要，首先要让学员建立对教练的信任感，之后破除对滑板的恐惧，然后在教练的一步步指导下完成教学任务。

开始，利用护具练习摔跤，破除对摔跤的恐惧。玩开心之后，在循序渐进地进入滑板的基础练习。看不到家长后，“小仙女”好像失去了依靠，试了几次没有成功后，可怜巴巴地四处张望。她怯生生地问：“教练我不会做，怎么办啊？”张景芳笑着说：“小姑娘，你看这里，没有人会一下子成功，失败了就再重新尝试，大家都是这样一次次失败，一次次尝试。他们一样，即便摔倒也要学会自己站起来，要不了多久你也会像他们一样在场地里徜滑了。”

“就这样？”

“就这样！”

“小仙女”看看周围的同龄人，果然像教练说的一样，每个人都在认真练习，没有人抱怨和哭泣，即便摔倒，整理整理装备就又爬了起来。在张景芳的鼓励下，“小仙女”点点头，再一次踏上了滑板。

五天的短期班很快过去，妈妈郑重地问“小仙女”要不要去长期班学习滑板。

女儿坚定地点点头：“我要学！”

当天晚上，“小仙女”的妈妈给她发来信息，字里行间充满着感激。

“我的女儿从小就爱撒娇，家人也很宠她，遇到困难她不尝试自己解决，总是习惯性地寻求别人的帮助。正因如此，她一直不自信，做什么事都依赖别人。我完全没想到，通过短短几天的训练，她竟然变得坚强起来，她不娇气、不抱怨了，突然间就变成了一个不怕困难的小女孩。”

“小仙女”的改变，让张景芳感受到了滑板带给人的非凡意义，也坚定了她用爱和责任去经营滑板的信心。

“春野滑板就是给孩子们提供和创造的一个自然保护区，让他们在这个保护区里面学会勇敢、坚持、挫折、挑战、生存，等有一天将他们放回大自然，他们就可以成熟面对生活中的苦与乐。”

在意识到滑板的真正意义后，张景芳将她的目光投向了社会，投向了那些需要关爱的人。从事滑板事业之前，她本身就是几个爱心公益组织的志愿者。几年前，在悟语爱心公益服务中心的一次活动中，她认识了年轻的小涛。小涛家在卢龙，父亲车祸去世，母亲改嫁，他从小和奶奶一起生活。小涛虽然人很聪明，但性格内向，不善与人交流，人很自卑。张景芳一直以来都在学习上给予小涛帮助，如今她尝试着用滑板来帮他改变性格。

每到周末，她都把小涛接到俱乐部，教他玩滑板。通过滑板带来的乐趣和挑战，小涛的脸上越来越多地见到了笑容，在和伙伴们一起摔摔打打中，他变得活泼起来。看到小涛的改变，张景芳对小涛说：“你上大学以后，如果想玩滑板，我们无条件支持你。”

果然，上大学后，小涛创建了学校的滑板社团。因为滑板玩得好，他还参与了学校形象片的录制，这让小涛也越发自信。张景芳还是小涛的心灵导师，无论是生活上、学习上，还是滑板社团的建立，她都给予了很多帮助，成为了小涛成长过程中最可靠的助力。现在，小涛每到假期都会到春野滑板俱乐部进行社会实践，两人的感情如同母子一般。

未来——让滑板精神代代传承

“有志者事竟成，破釜沉舟，百二秦吴终属楚，苦心人天不负，卧薪尝胆，三千越甲可吞吴。”

张景芳用滑板精神激励着自己，迈开了坚实的脚步，一步一步向前走去。春野滑板俱乐部承载着四代滑板人的梦想，用坚韧的精神影响着更多人喜爱滑板，在她的精心呵护下一天天茁壮成长。

2018 年，春野滑板俱乐部成为全国城市 CSP 滑板联赛华北赛区承办单位；同年，成为国际轮滑滑板项目赛事承办单位；2019 年，春野滑板俱乐部代表河北省出赛，参加中华人民共和国第二届青年运动会；2021 年 10 月，被河北省体育局新兴滑板项目推广官方指定唯一合作机构。春野滑板俱乐部作为河北省首家室内滑板公园，已经具备国家认可的硬实力。如今，春野滑板在专业的滑板教学外，每年组织两次主题教育游学、两次参加国家级赛事、两次承办商业赛事。俱乐部定期举办滑板户外公开课、滑板 DIY 等日常活动，充分调动学员的积极性，在多样化的活动中开阔学员的眼界，全面提升学员的综合能力。

除了俱乐部的良性发展，张景芳还将更多的精力投入到社会公益事业中。2019 年 10 月，春野滑板俱乐部进驻白塔岭小学，成立白塔岭小学神龙滑板社团，成为秦皇岛第一个校园内的滑板社团。俱乐部定期、定向在社区、学校开展公益滑板户外体验教学活动，让更多的人能够在专业教练的指导下接触滑板运动。对家庭条件不佳但又热爱滑板运动的少年，俱乐部给予了滑板装备资助与无偿培训……

2020 年 10 月，世纪港湾户外滑板公园落成。市民和滑板爱好者可以近距离地感受滑板的魅力。俱乐部已跻身全国顶尖行列。

张景芳用情怀和有温度的陪伴，关注孩子身心健康成长，用体育精神为更多热爱滑板的人打开滑板世界的大门，激励更多滑板梦在秦皇岛实现。

“第一代滑板人逐渐老去，新兴的滑板群体不断壮大。在这个新旧更替的变化过程中，人们对滑板的热爱，对滑板的赤诚从未改变。带着这份对梦想的炽热，我相信，未来的春野滑板能走得越来越远，让滑板越来越好。”

历史上，秦皇岛曾是中国滑板的图腾，滑板运动也将在这片土地上留下生生不息、永不服输的‘One More Try’精神。

张景芳的眼中充满了炙热，她的滑板人生刚刚开始。

后 记

柔弱肩膀撑起“半边天”，奋进征程展现“她力量”。

女企业家是广大妇女的杰出代表，是推动经济社会发展的重要力量。习近平总书记在民营企业家座谈会上指出：“改革开放40年来，民营企业蓬勃发展，民营经济从小到大、由弱变强，在稳定增长、促进创新、增加就业、改善民生等方面发挥了重要作用，成为推动经济社会发展的重要力量。”在这个过程中，渤海之滨、燕山脚下，一批有思想、讲诚信、勇创新的女企业家兢兢业业、拼搏进取，以“巾帼不让须眉”的豪情壮志，为推动秦皇岛经济社会发展贡献了“她智慧”、凝聚了“她力量”、成就了“她辉煌”、展现了“她风采”。

她们其中，既有温柔似水的智慧担当，也有生死相依的默默守护，还有不甘弱小的自强自立，也不乏面对挫折的进取顽强……“铿锵玫瑰”“巾帼英雄”“女中豪杰”，是对她们最好的褒奖与赞扬。因为她们是涵养良好家风的贤内助，是构建和谐社会的“半边天”，是推进伟大事业的主人翁，是城市文明的开创者和社会进步的推动者。

著名作家冰心曾经说过：“如果没有女性，我们将失掉生活百分之五十的真，百分之六十的善，百分之七十的美。”《巾帼花开别样红——秦皇岛女企业家风采录》一书，就是以不同的视角，通过真实的故事、平实的语言、细腻的笔触，讲述她们身上发生的故事，还原出一个个真实、立体、全面的“她”和“她们”，近距离感受她们身上的真、善、美，并通过了解“她们”、宣传“她们”，凝聚起更多的“她力量”。

以史为鉴才能开创未来。在全市上下笃定走好第二个百年赶考之路、奋力谱写建设一流国际旅游城市新篇章之际，衷心希望广大女企业家抢抓机遇、勇于创新，不断增强企业核心竞争力；厚植家国情怀，大力帮扶社会弱势群体，帮助更多女性实现创业梦想，积极履行社会责任，为秦皇岛的高质量发展贡献力量。也衷心希望全社会关心关注女企业家成才成长，让女企业家在乘风破浪的道路上继续披荆斩棘，书写更多精彩。

谨以此书献给那些一直辛勤工作、默默付出的女企业家。在此书即将付梓之际，一并感谢所有编撰、主创人员的艰辛与付出，感谢为此书给予支持和帮助的每个人。

编　者

2021年8月